Hans Frieder Huber
ANTIPODEN
oder die Gefolgschaft der Ausgegrenzten

Hans Frieder
Huber Werke · Buch 7

Hans Frieder Huber

ANTIPODEN

oder
die Gefolgschaft der Ausgegrenzten

Romanerzählung mit authentischem Hintergrund

Schillinger Verlag · Freiburg im Breisgau

Entwurf und Gestaltung der Umschlagseiten Hans Frieder Huber
Fotos und Postkartenabbildungen aus den Familien

1. Auflage 2014 · ISBN 978-3-89155-388-6
Gesamtherstellung: Schillinger Verlag · Freiburg im Breisgau

Inhaltsverzeichnis

7	Vorwort
9	Grenzerfahrungen
49	Die Angst des Intendanten
55	Bekenntnisse
60	Umbruch
70	Hölle und Blut
76	Amann hilft nicht
84	Vor dem Sturm
88	Fluch der Pflicht
99	Tagtraum
113	Marie's Brüste
126	Seltsame Freundschaften
146	Frauen einer anderen Zeit
156	Nachttraum
157	Die Traurigkeit eines sonnigen Sonntags
177	Verborgene Welten
197	Epilog

Gewidmet den Bürgern der ehemaligen DDR,
die ungewollt das Joch der Ausgrenzung tragen mussten
und sich ohne Gewalt daraus befreiten.

Vorwort

Die nachstehenden Geschehnisse ereigneten sich im Juli 1968, kurz bevor die sowjetischen Panzer den sogenannten ‚Prager Frühling' in der Tschechoslowakei niederwalzten. Zur Absicherung dieser brutalen Unterdrückung der Befreiungsbemühungen des tschechischen Volkes vom sowjetischen Joch wurden auch Truppen der sogenannten Bruderstaaten mobilisiert, dabei eingeschlossen Sondereinheiten der DDR, die mit verdeckter Kennzeichnung an der Operation teilnahmen.

Grenzerfahrungen

Seit Stunden starrt er durch das ungleichmäßige Hin und Her der Scheibenwischer hinaus auf den glänzend nassen Asphalt deutscher – präziser gesagt – westdeutscher Straßen. Der unaufhörlich strömende Regen hatte wohl den rechten Wischer ermüdet, so dass er mehr und mehr seinem Pendant hinterherhinkt und so das ausgeprägte Symmetriegefühl des Fahrers erheblich stört. Vielleicht hat auch dessen ärgerlicher Blick, quer durch die Bundesrepublik Deutschland von Südwest nach Nordost, auf das immer wieder Aufspritzen von Wasserfontänen unebener Straßenbeläge im ununterbrochenen Prasseln des Regens, im Verbund mit der von seinem Werkstattmeister öfters zitierten ‚magischen' Verselbstständigung des Eigenlebens seines Autos diese Unregelmäßigkeit ausgelöst?

„Ich hasse es!"

In großen Zusammenhängen dachte er meist großzügig, wogegen die Penetranz störender Kleinigkeiten ihn richtig ärgern konnten, um so mehr, wenn diese wie jetzt, unabänderlich vor seinen Augen herumtaumelten.

„Ich muss tanken!"

Er wollte auf keinen Fall ohne randvoll gefüllten Benzintank in die unbekannte Fremde der Deutschen Demokratischen Republik, kurz DDR, oder vereinfacht bezeichnet und der Realität am nächsten kommend, in die sowjetische Besatzungszone fahren, auf dem Weg zu seinem Studienkollegen und ältesten Freund Dieter nach Westberlin.

Wer war schon sicher, ob es entlang der Autobahn von

Helmstedt oder im DDR-Terminus Marienborn nach Drewitz/Dreilinden Tankstellen gab, und wenn, ob das dortige Benzin auch die Qualität hatte, andere Autos als den Zonen-Trabant oder den im hilflosen Ost-Design leicht gerundeten Wartburg ausreichend voranzubringen, ohne dass der Vergaser verrußte?

Er hatte Braunschweig tangiert und nimmt jetzt die nächste Ausfahrt mit den Ortsnamen Wolfsburg/Königslutter.
In Königslutter, das am nächsten liegt, trifft er tatsächlich direkt nach dem Ortseingang auf eine Tankstelle.
War das märkische Bauweise, jene Häuser, die er durch die Regenwand in rotem Klinker links und rechts der Straße wahrnimmt? Er müsste es von Berufs wegen wissen, zumal Baustilkunde schon während des Studiums sein besonderes Interesse fand. Jetzt aber kreist nur Benzin in seinem Kopf und die Grenznähe zum zweiten deutschen Staat, der für ihn bisher kaum beachtet, weit entfernt lag, den er in seinem Denken geradezu sträflich vernachlässigte, obwohl es sich wahrlich um altes deutsches Urland handelte, fing an mit aller Intensität in sein Bewusstsein einzudringen.

Ein mürrischer alter Mann, dem der Regen vom Mützenschirm tropft, sucht den Einfüllstutzen, der ver-deckt unter der vorderen Kofferraumhaube liegt und flucht dabei leise vor sich hin.
Das Rausgeld trieft vor Nässe, weil der alte Griesgram zu faul war, die Geldscheine vom Stationshaus bis zu der freistehenden Tanksäule zu schützen. Er trägt die Scheine vor sich her, als würde er sie bewusst einem natürlichen Waschgang aussetzen wollen.

Die Tankuhr am Armaturenbrett zeigt auf Voll, was Jan van Boese, den Reisenden, beruhigt, denn die Zapfsäule hatte während des Füllens mehrfach geruckt, was bei ihm einen leisen Zweifel auslöste, ob überhaupt durchgängig Benzin geflossen war.

Nach ein paar Kilometern auf dem letzten Stück vor der Grenze hört es auf zu regnen.

Plötzlich beschleicht ihn ganz leise ein unbeeinflussbar beklemmendes Gefühl, je näher er dem anderen Deutschland kommt, das er gezwungenermaßen in einem Teilbereich durchqueren muss, um nach Westberlin zu gelangen.

Mit Dieter, dem er zum ersten Male nach dem Krieg im Jahre 1946 im Hinterhof halbzerstörter Häuser begegnete, blieb er all die Jahre verbunden, auch als die Distanzen aus beruflichen Gründen noch so groß wurden. Man telefonierte, und Dieter kam an den besonderen Feiertagen meist in seine alte Heimat nach Freiburg. Nun aber war ein Gegenbesuch mehr als überfällig, zumal darüberhinaus die Lebensumstände des eingeschlossenen Westberlins genügend Anlass boten, die raue Wirklichkeit staatlicher und menschenverachtender Trennung zu erfahren.

„Mensch Amann, was ist mit Dir los, Du wirst doch nicht den Ängstlichen markieren!" sagt Jan zu sich selbst und verwendete dabei dieses mit seinem wirklichen Namen nicht identische Pseudonym eines willkürlichen Namens, den er sich irgendwann einmal selbst gegeben hatte, so als würde noch ein anderer in ihm wohnen, bei dem er hin und wieder einen guten Rat einholen oder auf den er leichten Fußes etwas Unangenehmes ablasten konnte. Angefangen hatte es mit ‚Amann' bei telefonischen Tischreservierungen in Restaurants, wenn das Gegenüber seinen etwas komplizierten Namen nicht richtig verstand und er dann spontan erklärte, sie sollten den Tisch auf den Namen ‚Amann' reservieren, was gewöhnlich sofort Klarheit schaffte. Manchmal schmückte er diesen Namen auch noch mit dem Professorentitel, wodurch er meist eine bessere Tischzuordnung erzielte, was jedoch selbstredend etwas Hochstaplerisches hatte, denn obwohl mit akademischem Studienabschluss war er doch keineswegs promoviert, geschweige denn habilitiert.

Erweitert nutzte er sein Pseudonym manchmal auch bei Telefonaten mit vorwiegend weiblichen Bekannten, die er in deren Firmen anrief, wenn er es für nicht sinnvoll hielt, dass die Zentrale unbedingt wissen sollte, wer tatsächlich anrief. So schlich sich ‚Amann' in sein Leben und diente ihm als unkomplizierter Kumpel aber auch als Prellbock, Ungutes auf diesen Parallelschlingel abzuschieben.

„Amann, du Blödmann, bist mal wieder in das einzig mögliche Fettnäpfchen getreten, das doch wahrlich nicht zu übersehen war. Dumm gelaufen, würde mir nicht passieren!"

Amann war soeben wie gewohnt etwas ironisch aufgetaucht, aber Jan hatte ihn ganz schnell zurechtgewiesen und ihm klar gemacht, dass er sich zusammenreißen solle, wenn sie jetzt an die unwirklich anmutende Grenze im Herzen Deutschlands kämen. Zugegebenermaßen war er neugierig auf das unbekannte Stück deutsche Heimat, das er nur von der Vorkriegslandkarte und aus Presseberichten kannte, welche derzeit keinen günstigen Eindruck hinterließen. Gerade hatte das amerikanische Militär ‚mutig' – bei diesem gedachten Wort konnte er ein herablassendes

Lächeln nicht unterdrücken – die russisch initiierte DDR-Blockade der Straßen nach Westen mittels eines martialischen LKW-Konvois durchbrochen, genau auf dem Weg von West-Berlin in die BRD, den er nun umgekehrt fahren würde. Die sowjetische Politik hatte still gehalten und leicht zurückgerudert, so dass nunmehr eine Ein- oder besser gesagt, eine Durchreise der DDR von Bürgern anderer Staaten, also auch denen aus der Bundesrepublik, wieder möglich war. Doch der Ofen des sogenannten Kalten Krieges war nicht kalt, sondern glühte nach wie vor in gefährlicher Prägnanz.

Daneben war es jedoch auch die in ihm stets präsent schwelende Abenteuerlust, die ihn veranlasste, nicht die etwas problemlosere Bundesbahn/Reichsbahn der BRD/DDR zu benutzen oder gar einen Flug zu buchen, was allerdings aus der äußersten Süd-West-Ecke seiner Heimat am Rheinknie, aus der schönen Schwarzwaldmetropole Freiburg kommend, auch ein wenig aufwendig gewesen wäre.

Dann taucht unvermittelt der Turm auf, hinter dessen Schießscharten Bewegungen von Menschen zu erkennen sind. Das hölzerne Ungetüm steht, bösartig von durchlassversperrenden Verbauungen umrahmt, bedrohlich in der Waldschneise, auf welche die Straße zuläuft. Spontan assoziieren sich in Jans Kopf die Bilder der Wachtürme jener unsäglichen Todeslager der NS-Zeit, von denen das Böse ausging.

Der Anblick trifft ihn unvorbereitet.

Lächerlich klein wirkt das circa einhundert Meter vor dem Monstrum stehende geradezu mickrige Zollhäuschen der westdeutschen Grenzer, die ihm, dort angekommen, verschiedene Papiere in die Hand drücken mit Hinweisen auf die neuen Bestimmungen der DDR für Grenzüberschreiter. Dabei ein Formular für das sogenannte Transitvisum, welches er noch vor dem Kontrollpunkt der DDR ausfüllen solle, was er auch sogleich auf die Schnelle erledigt.

Er überfliegt und liest im Weiteren:
Die Einfuhr nachstehender Gegenstände ist verboten: Zeitungen und andere periodisch erscheinende Presseerzeugnisse, soweit sie nicht in der Postzeitungsliste der DDR aufgeführt sind. Literatur und sonstige Druckerzeugnisse, deren Inhalte den Interessen der DDR widersprechen. Werbemittel, also alle Gegenstände, die mit aufgedruckten oder eingeprägten Firmenmarken oder Vereinsnamen versehen sind. Kalender, Jahrbücher, Briefmarken oder Briefmarkenkataloge ... usw.

„Die haben einen Vollschuss im Kanonenofen", denkt er wörtlich, und als er dann noch liest was man aus der DDR nicht ausführen darf, löst dies bei ihm fast einen Lachkrampf aus, der im Angesicht des Kommenden jedoch nicht ökonomisch ist.

Noch hatte er den Grenzpunkt nicht überquert, ergo alles, vielleicht für sein Empfinden Absurde, unbekannterweise noch bevorstand.

Trotzdem konnte er sich eines innerlichen Lächelns nicht erwehren, als er im Ausfuhrverbot liest:
Unterwäsche, Arbeits- oder Berufskleidung, Schuhe, Babybekleidung, Windeln, Wickeltücher, Gardinen, Tapeten, Tapetenklebstoffe, Bettwäsche, Hand-, Geschirr- oder Tischtücher ..... Was ist dies nur für ein erbärmlicher Staat, der diese ‚Wichtigkeiten' für sich behalten will.

Man glaubt es nicht, hätte man es nicht Schwarz auf Weiß in der Hand.

„Amann, was haben wir uns da eingebrockt", aber Amann meint, man solle diese Skurrilitäten nicht so ernst nehmen, man würde ja nur kurz rein und dann ganz schnell wieder aus diesem Kuriositätenkabinett namens DDR herausfahren.

Mit einem Blick auf die Uhr konstatiert Jan, dass sein erstmaliger Übertritt in den Gewaltbereich der Antipoden des anderen Deutschlands genau frühmorgendlich um 9. 25 Uhr stattfindet, dank seines sehr frühzeitigen Startens von zu Hause. Diese eigentlich unwichtige uhrzeitliche Feststellung bestätigt ihm wieder einmal seine Neigung zur Dramaturgie, ohne zu wissen, dass dieser Begriff durchaus dazu dienen würde, das folgende Geschehen zu charakterisieren.

Eigentlich wollte er aus dem Auto heraus fotografieren, aber seine Beklemmung, die jetzt vielleicht sogar etwas mit einer ganz leisen Ängstlichkeit oder vielleicht auch instinktiver Vorsicht zu tun hatte, hindert ihn jedoch daran.

Er passiert die erste für sein Auto geöffnete Schranke und sieht sich drei ostdeutschen Grenzpolizisten gegenüber mit schräg angehobenen Maschinenpistolen, deren Riemen hinter dem Nacken hindurchlaufen. Mit ausdruckslosen Gesichtern veranlassen sie ihn mit unmissverständlichen Handzeichen, anzuhalten.

„Fahren Sie auf Bahn vier", befiehlt ein kleiner Blonder in autoritärem Ton und deutet mit einer vagen Bewegung hinter sich.

Von wegen . . . „Guten Morgen, wir heißen Sie im Paradies des Arbeiter- und Bauernstaates herzlich willkommen" – was natürlich aufgrund der tatsächlichen Umstände, welche dieses Land in den Krallen hält, auch kaum zu erwarten ist.

Jan registriert die Uniformen, die auf erschreckende Weise denen der ehemaligen Deutschen Wehrmacht gleichen, jedoch offensichtlich in einer deutlich schlechteren Stoffqualität geschneidert sind. Grob, ruppig, sicher würden die Kragen am Hals kratzen, und noch eines fällt ihm bei näherem Betrachten auf, nämlich der Uniformzuschnitt, vor allem den der Schildmützen, die etwas Fremdes, unverkennbar Russisches vermittelten, von den hässlich stumpfen sowjetischen PPS-Maschinenpistolen mit Trommelmagazin ganz abgesehen.

Mit schnellen Blicken nach links und rechts nimmt Jan die ihm irrsinnig erscheinenden Verbarrikadierungseinrichtungen wahr, die drohend den in Zickzacklinien zu passierenden Weg innerhalb des Grenzinnenbereiches säumen.

Schräg gebaute Betonrinnen, in denen großprofilige Eisenträger darauf harren herunterzusausen, um die Straße zu blockieren, Stacheldrahtrollen, bereit blitzschnell auseinandergezogen zu werden sowie dreibeinige Panzersperren aus zusammengeschweißten Eisenbahnschienen sind seitlich gelagert.

Es ist Werktag und früh am Morgen, wahrscheinlich ist er einer der Ersten, der in die unausgeschlafene Tristesse dieses hermetisch abgeriegelten Terrains eindringt.

Links sind die Fahrspuren mittels Drahtgitter abgesperrt, so dass er zwangsläufig auf die einzig freie Spur mit der aufs Pflaster gemalten weißen Vier fahren muss. Der kleine Sachse hatte ihm wortlos weitere Formulare in die Hand gedrückt, jedoch keine Silbe dazu gesprochen, zum Beispiel den einfachen Satz:

„Diese müssen Sie ausfüllen!"

Das miserable Papier fällt ihm auf und erinnert ihn spontan an seine Schulhefte vor der Währungsreform 1948, die gleichermaßen grob und mit kleinen eingepressten Holzstückchen durchsetzt waren.

Hinter den gesperrten Bahnen Eins bis Drei erheben sich meterhohe Metallwände, die jeden Durchblick in das umgebende Land verhindern. Rechts vor ihm, ungefähr zwanzig Meter entfernt, steht eine Barackengruppe, wie er sie als Kind noch aus der Kriegs- und der ersten Nachkriegszeit kannte, als solche Behelfsbauten zur Flüchtlingsaufnahme oder als Ausgabestellen der Kinderspeisung dienten. Es könnten auch ehemalige Arbeitsdienst- oder gar Gefangenenbaracken gewesen sein.

Davor eine Mehrzahl uniformierter Grenzsoldaten, deren Offiziere in Breeches-Hosen mit hohen schwarzen Schaftstiefeln einmal mehr den Wehrmachts- vielmehr den SD- oder den Waffen-SS-Offizieren gleichen. Ihm ist unwohl.

Jetzt sieht er auch in der Tiefe des Grenzkontrollpunktes weitere Befestigungsanlagen unterschiedlichster Art, grau, abweisend, hässlich, und zur Steigerung der Beklemmung brückenartige Straßenüberbauungen, die nicht wie an den italienischen Autobahnen Restaurants beherbergen, sondern mit Maschinengewehrposten bestückt sind.

Eigentlich hatte er angenommen, die DDR sei ähnlich dem gefährlichen Nazi-Perfektionismus straffer organisiert, als die im Wohlstand schon wieder etwas überheblich, oberflächlich gewordenen Westler – jedoch weit gefehlt.

Keiner der Uniformierten rührt sich, um ihm zu erklären, wie es mit den Zollformalitäten nun weiter ginge. Starre Blicke auf das kapitalistische Auto gerichtet, wird das Gespräch mit dem Kameraden, vielleicht über die letzte Fleischzuteilung, nicht unterbrochen. Fast ist er geneigt, einfach weiter zu fahren, um so zu erkunden was passieren würde, aber nein, auch seine deutsche Gründlichkeit, gepaart mit dem mulmigen Gefühl in dieser militarisierten Sperrzone jedweder Willkür ausgesetzt zu sein, veranlasst ihn auszusteigen.

Er geht auf die Uniformierten zu und fragt so ins Allgemeine hinein, welche Formalitäten denn noch zu erledigen seien.

Ein großer, dünner, scharfnasiger Mann in einer besonders schlechtsitzenden Uniform antwortet ihm in einer ähnlich gefährlichen Herablassung wie der kleine Sachse von vorhin:

„Zeigen Sie mir einmal Ihr Transitvisum!" Dies war eines jener Formulare, das er vor dem Grenzübertritt eilig ausgefüllt hatte, und übergibt dies nun dem Uniformierten, wobei er durchaus bemerkt, dass in dessen Frage das Wort ‚bitte' nicht vorkommt.

„Was heißt hier einmalige Einreise, Sie wollen doch sicherlich nach Westberlin?"

„Na klar!"

„Dann reisen Sie jetzt in die Deutsche Demokratische Republik ein und an unserer Staatsgrenze in Drewitz wieder aus, und falls Sie ihren Lebensabend nicht in Westberlin verbringen wollen, werden Sie eines Tages wieder in die Deutsche Demokratische Republik einreisen" – er sagte nicht DDR, sondern immer den ganzen Rattenschwanz, damit auch jeder glaubte, dass es diese merkwürdige sogenannte demokratische Republik auch tatsächlich gibt – „und verlassen unseren Staat mög-licherweise wieder mit dem Ziel, nach Hause in die BRD zu kommen." Dieses Staatskürzel benutzt er sehr wohl, viel-leicht um Westdeutschland auf drei Buchstaben klein-zureden.

„Verbessern Sie die Fehler und dann gehen Sie dort hinein!"

Er zeigt auf eine Türe in der ersten Baracke, die man über fünf Holzstufen erreichen kann.

Drinnen riecht es nach modrigem Holz. Die Dielen knarren vor Altersschwäche, und er steuert den ersten Schalter an, der in die mittig eingezogene Holzwand eingeschnitten ist. Er glaubt sich nicht mehr im Jahre 1968, sondern ins Jahr 1945 zurückversetzt. Den uniformierten Beamten hinter dem Schalter sieht er im Halbdunkel nur undeutlich, zumal dessen Tischlampe ausschließlich auf die Schreibfläche gerichtet ist. Das Licht reicht jedoch aus, zu beobachten wie sein Reisepass hinter dem Mann in einem Schlitz in der Schalterrückwand verschwindet.

Dies war auch der Moment, in dem er zum ersten Male erkennt, dass alles was hier geschieht, sehr ernst zu nehmen ist und sein, etwas von oben herab Gedachtes, keine Berechtigung mehr hat. Von Amann war jetzt auch weit und breit nichts mehr zu sehen. Er hatte sich verkrochen, weil es hier, nachdem Jan durch den raumteilenden Vorhang, bestehend aus einer alten grauen Wehrmachtsdecke, auf Anweisung den zweiten Raum der Baracke betritt, wahrhaftig nichts spöttisch Aufmunterndes mehr zu be-merken gibt.

Er denkt unwillkürlich daran, was geschehen könnte, sollte man ihm den Pass aus welchen Gründen auch immer, nicht mehr aushändigen.

Seine leicht panischen Gedanken werden durch vordergründige Realitäten unterbrochen. Nun geht es per Kommando von Schalter zu Schalter. Entrichtung der Straßenbenutzungsgebühr, Abgabe der Tagespauschale, alles natürlich in westdeutscher Währung, und dann der Zwangsumtausch von zehn DM in 10 DDR-Reichsmark mit einem aus westlicher Sicht gemessenen Wert gleich null.

Plötzlich hat er seinen Pass wieder in Händen mit einem dicken schwarzen Transitvisumsstempel, dazu die Quittungen seiner Zwangszahlungen sowie einige belehrende Papiere über die Rechtsbestimmung für BRD-Bürger innerhalb der DDR und natürlich auch die Anweisungen zum Fahrverhalten auf den Transitstraßen.

„Nicht anhalten, keinen Kontakt mit Bürgern der DDR", war eine der Bestimmungen unter anderen. „Willkommen im Arbeiter- und Bauernparadies", dachte er nun für sich und stieg in seinen Wagen, den die Grenzer in seiner Abwesenheit neugierig betrachtet hatten, sich jedoch sogleich abwandten, als er sich nähert.

Das wäre geschafft. Dreimal durchatmen und dann ab durch die Mitte. Das war wiederum eine fatale Fehleinschätzung der Gewalt der Anderen.

Nach einigen einhundert Metern erneut ein geschlossener Schlagbaum und daneben eine weitere Betonrutsche mit passendem Eisenträger. Davor zwei Beamte, ebenfalls mit geschulterten Maschinenpistolen, die ihm bedeuten anzuhalten.

Gerade hatte er sich ein wenig Nachsicht mit den pflichtbewussten Grenzern aufgebaut, dieses Gefühl jedoch schnell wieder verworfen, gemessen an dem, was jetzt kam.

„Motor abstellen und aussteigen", und dann geht es los.

„Kofferraum aufmachen!" Der Grenzer zeigt auf die hintere Klappe des Sportwagens.

„Mist, der Kerl weiß nicht, dass sich dort nur der Motor befindet!"

„Der Kofferraum ist vorne", und er zieht am Innenhebel, damit dieser aufspringt, aber da ist ja noch die Sperre, die man mit der Hand lösen muss, was den Zöllner wiederum in Verlegenheit bringt, da er den kleinen Griff unter der gelösten Kofferraumhaube nicht findet.

Ich muss jetzt ganz freundlich bleiben, sonst laden die beiden Kameraden ihren Zorn über die eigene Unkenntnis auf mir ab.

„Öffnen Sie bitte Ihren Koffer und die Aktentasche!"

Welche Überraschung, der Mann hatte sich besonnen und wirkt jetzt verhältnismäßig freundlich, obwohl auch nicht einmal der Ansatz eines Lächelns auf dessen Lippen erscheint.

Gewissenhaft überprüfte er den Inhalt des Gepäcks und was noch so im Auto liegt, wobei ihn der Straßenatlas besonders interessiert, den er ob korrekter Ausführung im Hinblick auf alles, was DDR angeht, zu kontrollieren scheint. Dann entdeckt der Grenzer sein ledergebundenes Terminbuch, das er nun in ätzender Langsamkeit Blatt für Blatt studiert, wobei sicherlich das oft flüchtig Geschriebene für ihn kaum zu entziffern ist.

Jan van Boese aus der kleinen beschaulichen Großstadt Freiburg im Breisgau am Fuße des Schwarzwaldes denkt, nun ist aber genug, und schon wieder unterliegt er einer falschen Vermutung. Einer der Grenzer beugt sich nun in das Fahrzeug, nimmt die Fußmatte heraus und beginnt den Bodenbelag vor dem Fahrersitz abzulösen. Das Gummiteil wirft er einfach aus dem Auto, und nun kommt das wahrlich Allerletzte was sich der BRD-Bürger vorstellen konnte. Der Kerl fängt wahrhaftig an, mit beiden Daumen die Metallklammern, welche das schräge Fußteil hinter den Pedalen halten, aufzubiegen, wohl mit dem Gedanken, den dahinter liegenden Hohlraum zu prüfen.

„Jetzt ganz vorsichtig", sagt Amann leise aus dem Hintergrund.

„Ich habe ein wenig das Gefühl, Sie beginnen meinen Wagen zu beschädigen". Hinter diesem Brett, es war tatsächlich aus Sperrholz, welches er selbst bisher noch nie gesehen hatte, konnte selbst ein Liliput keinen ausreichenden Platz finden. Der Zollsoldat verharrt einen Moment auf den Knien, halb im Auto, halb draußen, dann biegt er wortlos die bereits leicht abgedrückten Klammern wieder in die Ausgangslage, richtet sich auf und sagt:

„Fahren Sie bis zu dem Zollhaus dort", dreht sich um und lässt ihn den Bodenaufbau seines Wagens selber wieder einbauen.

„Mann oh Mann, da brauchste Nerven", würde sein Freund Dieter mit leicht berlinerischem Akzent sagen.

Dann im ersten Gang auf Schleichfahrt fünfzig Meter weiter:

„Anhalten, Motor abstellen, aussteigen!"

Ein kleiner dicker Beamter quält sich aus seinem für ihn viel zu kleinen Zollhäuschen und begutachtet erneut den Pass.

„Jan van Boese, aha, mit ‚oe', heißt der Herr. Wohl ein alter ostpreußischer Adel", bemerkt der Wohlgerundete mit einem Grinsen, bei dem die apfelartig roten Backen sich so nach oben schieben, dass sich die Augen zu Schlitzen verkleinern.

Eine Erläuterung, dass sein Name einen holländischen Ursprung hat, verkneift Jan sich tunlichst, da es nur den Gedankengang des Beamten zeitverzögernd belasten würde.

„Handschuhfach öffnen!"

Die Parkscheibe interessiert ihn, und er fragt zu was diese benutzt würde.

Er denkt – 1945 – und erklärt den Zweck. Den Pass in der Hand kommt das Kommando „nehmen Sie mal die Brille ab". Nun ist sein linkes Ohr einer eingehenden vergleichenden Betrachtung mit dem Passfoto ausgesetzt. Die satt ausgefüllte Uniform verschwindet jetzt in seinem Häuschen, und man hört deutlich wie ein weiterer Stempel in den Pass gedonnert wird. Grüner Einreisestempel Marienborn, und es ist kaum zu fassen, jetzt kann er endlich fahren.

Der rotweiß gestreifte Schlagbaum wird von Hand geöffnet, und der Transitreisende schleicht mit Minimalgeschwindigkeit unter ihm hindurch hinaus in der Hoffnung, dass der Stress nun ein Ende hat.

Ein Schild mit ‚Willkommen in der DDR' krönt die Ironie des Augenblicks.

„Entzückend", würde jetzt wahrscheinlich sein Freund Dieter in seinem ausgeprägten Sarkasmus bemerken.

Die Reichsautobahn zeigt sich schlecht erhalten. Nach dem von Adolf Hitler triumphal initiierten Straßenbau wurde offensichtlich hier niemals nachgebessert, was die unbefestigten Bankette und überalterten, gerissenen Betonbeläge mit aufgeworfenen Kanten vermuten lassen und die einhundert Stundenkilometerbeschränkung mehr als rechtfertigen.

Auf dieser vernachlässigten, zweispurigen Straße begegnen ihm einzelne zweckgebundene Fahrzeuge und hin und wieder ein PKW östlicher Bauart, ansonsten kaum Verkehr, zumindest nicht hier im ersten Teil direkt nach der Grenze.

Es ist noch früh am Tag.

Jan hat den Eindruck, dass die bestellten Felder links und rechts der Autobahn, genauer gesagt was von dieser noch übrig ist, anders seien als jene vor der Grenze, auch wenn sich die Landschaft gleicht. Vielleicht waren es die großen, fast antik wirkenden, schwerfälligen Traktoren in düsteren Farben, die sich ab und zu am Horizont zeigen und den neuen, meist freundlich hellfarbigen Agrargerätschaften des Westens so wenig gleichen.

Dann kommen alte, verwitterte, hölzerne Verkehrsschilder, museumsreif, zuletzt eines, das mit verwaschenen Initialen darauf hinweist, dass man den kommenden Teil der Strecke nur einseitig befahren könne. Den rechten Fahrstreifen hatten Nässe, Kälte und Frost zernagt, zerrissen, ausgebrochen und nirgends gab es Anzeichen dafür, dass eine Erneuerung in Aussicht genommen wird. Die verbliebene linke Spur befindet sich in einem kaum minder bedenklichen Zustand, und die harte Federung des silbergrauen Porsche 356 B überträgt jede Unebenheit deutlich spürbar auf sein Gesäß.

Diesen schon betagten Wagen hatte er mit einem Teil des Honorars, das er für die Realisierung eines größeren Bauprojektes erhielt und das ihm außerdem zur Gründung eines eigenen Architekturbüros verhalf, gebraucht gekauft und ihn mit Akribie zu einem waren Schmuckstück hergerichtet. Dieses Auto vermittelte ihm in dessen schier unantastbaren Formvollendung ein Stück Geborgenheit, manchmal sogar ein Stück Heimat in Freiheit vor dem Hintergrund der Sorgen seiner zerbrechenden Ehe. Wenn ihn der innere Schmerz zu übermannen drohte und seine Arbeit darunter zu leiden begann, begab er sich in sein motorisiertes Gehäuse des Wohlbefindens und raste mit rauchenden Reifen den nahen Berg hinauf, um droben auf der grobgehauenen Holzbank in der Sonne vor dem alten Gasthaus sitzend darauf zu warten, bis ihm der Wirt die bestellten Spiegeleier mit Speck im irdenen Pfännchen aus dem Fenster herausreichte. Während er aß, blickte er dann hinüber zu den bewaldeten Hängen über seiner Heimatstadt und für eine begrenzte Zeit war nur Freude in ihm.

Jetzt fährt er über eine Brücke, vielmehr über das, was von ihr übrig ist, denn auf der gesperrten Straßenseite fehlt der gesamte Belag, vielmehr kann man durch ein Gewirr verrosteter Eisenträger in einer beträchtlichen Tiefe auf ein trübes Rinnsal hinunterblicken.

Über dem Waldhorizont, der seit geraumer Zeit die Straße säumt, ragen in regelmäßigen Abständen bedrohlich wirkende Wachtürme auf, die unzweideutig signalisieren, dass man hier in dieser merkwürdigen Demokratie alles unter Kontrolle hat und niemand seitlich des Weges von Westen nach West-Berlin etwas Unerlaubtes tun könne, ohne dass dies bemerkt würde.

Inzwischen hatte er auch die zum Teil gut versteckten Drahtzäune registriert, die weitgehend von Buschwerk verdeckt, beidseitig die Straße begleiten.

Auf den Hinweisschildern, welche die Entfernung nach Berlin anzeigen, steht natürlich nicht ‚Ostberlin', sondern nur Berlin, na klar, die Hauptstadt der DDR, was ihn unsinnigerweise ein wenig überrascht, da in seinem Terminus nur West- oder Ostberlin existiert und Berlin als Ganzes der Vergangenheit angehört, vielleicht aber auch eines Tages, in ferner Zukunft, wieder zusammenwächst.

Nach der Ausfahrt Magdeburg fährt er eine seitlich höher gelegene Transit-Tankstelle an, um nochmals in die Straßenkarte zu blicken, denn vor dem Abzweig Drewitz/Dreilinden kommt noch der linksorientierte Autobahnübergang nach Potsdam und ein kleines Stück weiter rechts jener in Richtung Dessau-Leipzig. Nur nicht aus Versehen an der falschen Stelle abbiegen und weiter in die DDR hineinfahren.

Hinter einer Straßenkrümmung, die aus dem Wald herausführt, kommt eine kleine optisch kaum erkennbare Steigung. Direkt danach, wo sich hinter der Kuppe die Straße wieder leicht nach unten neigt, stehen sie – tückisch – erst im letzten Moment wahrnehmbar, zwei altweißhellgrün lackierte Polizeifahrzeuge, nach seinem Wissen vom Typ Wolga oder Wartburg der Volkspolizei, abgekürzt VOPO genannt, was ihm durch Fernsehberichte bekannt ist. Eine rote Kelle, breitbeinig hochgehalten, zwingt ihn, auf dem sandigen Seitenstreifen neben der Fahrbahn anzuhalten. „Verlassen Sie das Fahrzeug!" Wieder dieser ungewohnt schroffe Ton, der keinerlei Widerspruch duldet und ihn aufs Äußerste reizt. Einzelne andere Fahrzeuge, die sich jetzt von hinten nähern, werden durchgewunken.

„Papiere!"

Jan denkt – schweigen ist in dieser Situation sicher Gold –, stellt aber die unvermeidliche Frage nach dem Grund des Angehaltenwerdens. Keine Antwort. Zwei Mann studieren seinen Pass, während der Dritte ihn unentwegt anblickt.

„Haben Sie seit der Grenze mit DDR-Bürgern Kontakt gehabt?"

„Nein, wo sollte dies auch geschehen sein, wenn links und rechts der Straße Zäune verlaufen?"

„Sie haben vor der Ausfahrt Magdeburg die Transitautobahn verlassen und eine Tankstelle angefahren, ohne zu tanken. Dort haben Sie mit Bürgern der Deutschen Demokratischen Republik gesprochen."

„Mann – mir ist beim Brillenwechsel die Sonnenbrille runtergefallen und ich konnte sie während des Fahrens nicht aufheben, außerdem musste ich nochmals in die Straßenkarte blicken, um mich zu orientieren, das dürfte wohl erlaubt sein!"

„Sie haben sich mit Bürgern unserer Republik unterhalten!"

„Mein Gott, was soll das?

Auf dem Parkstreifen der Tankstelle standen ein weißer Trabant und ein alter Skoda und die Leute vertraten sich die Füße. Sie interessierten sich für mein Auto und fragten, ob dies ein Porsche sei und wie schnell er denn fahren könne. Das war 's auch!"

Als Kind hatte Jan einen Spielzeug-Skoda, der Außergewöhnliches vollbrachte. Oben am Dach befanden sich mehrere Schlitze, und wenn man das Auto mit dem flügelartigen Schlüssel aufzog und dann in diese Schlitze hineinpustete, fing es an zu fahren und man konnte es mit einem zweiten Blasen stoppen. Das war für ihn ein kleines Wunder, das er nie vergaß und dabei auch nicht jene so fremde Automarke. Das Wunderauto verbrannte in den Flammen seines Elternhauses in Freiburg am 27. November 1944 im Feuersturm der britischen Bomber.

„Kannten Sie eine dieser Personen?"

„Um Gottes Willen, nein, woher auch. Ich war noch nie in der DDR!"

„Sie wissen, dass Sie im Transitbereich nicht anhalten dürfen".

„Einmal war es eine Tankstelle, wo man meines Wissens anhalten darf und zum anderen meine Brille . . . . was soll das Ganze eigentlich? Ich habe wahrlich nichts getan, was Sie mir vorwerfen könnten!"

„Ich warne Sie! Sollten Sie weiter republikfeindliche Äußerungen machen, müssen wir Sie zwecks Aufklärung des Sachverhaltes in Gewahrsam nehmen!"

Waren das tatsächlich Deutsche oder Zwitterwesen sowjetischer Genmanipulation?

Der Polizist, der eine auffallend gutsitzende Uniform trug und ihn auf eine kurze Distanz unentwegt angeblickt hatte, kam nun näher und richtete seine Aufmerksamkeit auf das Wageninnere.

„H-Schaltung, aha Rückwärtsgang links vorne gesperrt!"

„Stimmt!"

Handschuhfach Ersatzbrille . . . .

Der Mann lächelt.

„Kofferraum öffnen." Jan zieht den Innenhebel und der Deckel vorne öffnet sich einen Spalt. Der Offizier will den Kofferraum ganz öffnen, aber das hakt, weil auch er nicht weiß, dass man mit der Hand die Sperre lösen muss. Jan zeigt es ihm.

„Motorraum öffnen!"

Jan zieht den Hebel, der in der Laibung der Fahrertüre in einer Vertiefung eingearbeitet ist und der hintere Deckel, dort ohne Sperre, springt auf.

„Nicht aufregen, wir tun hier nur unsere Pflicht!"

Der Offizier legt ihm die Hand auf die Schulter, was in ihm ein unerwartet elektrisierendes Körpergefühl auslöst.

„Sie müssen noch einige Minuten Geduld haben, dann können Sie weiterfahren". Er gibt ihm den Pass zurück, wendet sich mit einigen leise gesprochenen Worten an die beiden anderen Polizisten, dann besteigt er einen der beiden Wartburg und fährt unmittelbar in Richtung Berlin davon.

Die beiden verbliebenen VOPO's machen zunächst keinerlei Anstalten, seine Reisefortsetzung freizugeben. Jan ist vorsichtig geworden und wartet. Einer der beiden setzt sich auf das Trittbrett des Polizeiautos, nimmt den Hörer des Funktelefons aus dem Wagen und führt ein ziemlich langes, gestenreiches Gespräch. Nach einigen Minuten legt er auf und zeigt zu Jan gewandt mit dem Finger auf die Autobahn, was wohl heißen soll, jetzt könne er fahren. Gemächlich besteigen die beiden Uniformierten das zweite Polizeifahrzeug, ohne jedoch gleich durchzustarten.

Jan sieht noch im vorsichtig schleichenden Wegfahren, dass die Polizisten sich angeregt unterhalten und beschleunigt dann mit einem doch sehr erleichterten Gefühl, in der Hoffnung nun den Kontrollstress, zumindest bis zum Grenzübergang Drewitz, wo er dieses ungastliche Deutschland wieder verlassen wird, hinter sich zu haben. Im Rückspiegel bemerkt er, dass das verbliebene Polizeifahrzeug nun über den unbefestigten Mittelstreifen wendet und in die entgegengesetzte Richtung, aus der er selbst soeben kam, davonfährt.

Dörfer ducken sich in der Ferne hinter wogenden Getreidefeldern. Kein Haus in Weiß oder Bunt, alle nur grau in grau, so geblieben wie gewesen.

Ein weißer West-Mercedes prescht mit weit über einhundert Stundenkilometern an ihm vorbei, während er nur Trabants und andere Autos, deren Herkunft er nicht immer identifizieren kann, überholt. Menschen starren herüber.

„Wie nahe und doch wie weit sind sie von mir entfernt!"

Bis zum Grenzpunkt Drewitz/Dreilinden dürfte es nicht mehr allzu weit sein, nachdem er die Ausfahrt Wollin hinter sich gelassen hatte. Jetzt der Abzweig Brandenburg, dann muss er aufpassen, denn direkt dahinter kommen zwei Autobahnverschlingungen, bei denen es darauf ankommt, stets auf der Transitstraße zu bleiben. Bald würde er jedoch diesen unsicheren Boden verlassen und am Abend mit Dieter beim ‚Eierkopp' oder im ‚Balagan' essen. Beides seien gute und ganz individuelle Speiserestaurants. Jan freut sich bei diesem Gedanken!

Die Bremse muss er voll durchtreten, so dass es ihn nach vorne wirft und sein Kopf fast am Lenkrad aufschlägt, als der Mann mit der Leninmütze plötzlich aus dem Wald tritt und sich mit ausgebreiteten Armen auf die Straße stellt. In diesem Augenblick sind keine anderen Autos in Sicht, nur er mit dem Geruch heißer Bremsbeläge in der Nase.

Der Mann kommt schnellen Schrittes auf die Beifahrerseite, eine Pistole in der rechten Hand, die er durch das halboffene Fenster auf Jans Kopf richtet. Fast im selben Moment reißt er die Türe auf und schwingt sich auf den Beifahrersitz.

Ein Überfall auf der Transitstrecke mitten in der DDR, kaum vorstellbar, konnte eigentlich nicht wahr sein. Gleich würden andere Autos vorbeikommen, VOPO's auf Kontrollfahrt, die wachen Auges sofort erkennen würden was hier vor sich geht und denen er sich bemerkbar machen kann.

Jetzt folgt ein hart gesprochenes Kommando:

„Hundert Meter weiterfahren und dann rechts in den Waldweg!"

Ein scharfer Befehlston, der keinen Widerstand duldet. Jan, in dessen bisherigem Leben eine vergleichbare Situation auch nicht mal annähernd vorkam, ist im Moment dieses Geschehens aus dem Nichts heraus völlig paralysiert, so dass er ohne Widerstand der Weisung folgt.

Eine kleine, kaum wahrnehmbare unbefestigte Straße führt im rechten Winkel leicht abfallend von der Autobahn in den Wald und stößt nach kurzer Fahrt auf ein offenes zweiflügeliges Gittertor, das einen parallel zur Autobahn verlaufend hohen Drahtzaun unterbricht.

„Anhalten, Wagen wenden!" Jetzt steht das Auto vor dem Zaun wieder in Richtung Transitstraße und für den Bruchteil einer Sekunde ist Jan versucht, Vollgas zu geben und auf die Autobahn zurückzupreschen, jedoch hindert ihn die Pistole daran, die sich unvermittelt und schmerzhaft in seine Seite bohrt, von einem Mann gehalten, der offensichtlich seinen Blitzgedanken durchschaut hat und mit einem kleinen, kaum wahrnehmbaren spöttischen Lächeln quittiert.

„Jacke, Schuhe, Brieftasche, Geldbörse, Brille" war das nächste Kommando.

„Hören Sie bitte, ohne Brille kann ich nichts sehen!"

„Sie haben doch eine Ersatzbrille und die Sonnenbrille mit den gleichen Dioptrien im Handschuhfach!"

Woher wusste er das mit den Brillen? Und jetzt erkennt er auf einmal das Gesicht seines Gegenübers. Es ist das des Offiziers, der ihn bei der letzten Kontrolle auf der Transitautobahn so lange angeblickt hatte, und gleichzeitig fällt ihm auf, dass ihm der Mann ohne dessen Uniformmütze überraschend ähnlich sieht. Was hatte er vor, wollte er ihn erschießen, denn die Tokarev zeigte jetzt auf seine Brust. Reflexartig hatte Jan die Pistole erkannt, da dieses Modell noch vor Kurzem in einem Fernsehkriminalfilm der Serie ‚Stahlnetz' eine entscheidende Rolle spielte.

Jans leicht türkisfarbenes Pierre Cardin Jackett passt dem Gegenüber perfekt, wobei er im Moment des Wechselns der Kleidungsstücke eine Uniformbluse mit Auszeichnungen und dreisternigen Achselklappen wahrnimmt.

Die gerade vor Reisebeginn erstandenen schwarzglänzenden Lloyd-Schuhe, auf deren Absätzen die markentypischen roten Querstreifen noch völlig neu hervorleuchten, scheinen für den Neubesitzer ein wenig zu knapp bemessen. Jan trägt jetzt die ihm gereichte grobstoffige Jacke und schwarze Halbschuhe, die zwar sauber geputzt, aber ihm um einiges zu groß sind. Feine Risse, die sich im Oberleder zwischen Zehen und Rist gebildet haben, lassen auf deren betagtes Alter schließen.

„Auf Sie habe ich lange gewartet!"

Der Mann lächelt wieder kaum wahrnehmbar. Und Bruchteile von Sekunden verschwindet die strenge Starre aus dessen Gesicht.

Jan versteht nicht.

Er blickt sich um, gibt es einen Ausweg hier wegzukommen, wie auch immer, nein, zumal die Pistole jetzt wieder geradlinig auf ihn gerichtet ist.

„Würde er schießen?"

Dies festzustellen war Jan zu riskant, zumal er sich noch immer in einem schockartigen Zustand von Entschlusslosigkeit befand, ausgelöst durch das abrupte Geschehen, auf das er sich durch nichts hätte innerlich vorbereiten können.

Der Maschenzaun mit Drahtstärken, vergleichbar dem Durchmesser von Baustahlgewebe, läuft etwa fünfzig Meter von der Straße abgerückt fast unsichtbar von beiden Seiten durch den Niederbusch verdeckt auf das zweiflüglige Tor im großprofiligen Stahlwinkelrahmen zu, welches ebenfalls mit dickem Maschendraht und darüber mon-tierten Stahlprofilkreuzbändern ausgefüllt ist. Vier Meter hoch, schätzt Jan als Fachmann.

Dass die fremden Schuhe noch fußwarm sind ist ihm unangenehm. Noch mit halboffener Schnürung, da ihm keine Gelegenheit blieb, diese zuzubinden, steht er in der graubraunen dreiknöpfigen Jacke des anderen wie erstarrt am geöffneten Tor. Seine Gedanken rasen, ohne dass er zu einem Entschluss fähig ist, dieser außergewöhnlichen und so urplötzlich auftretenden Situation gerecht zu werden, geschweige denn zu einer sinnvollen, besser gesagt wirksamen, Entscheidung zu kommen. Er fühlt sich gelähmt, zur statischen Figur mutiert, die man beliebig hin und her schieben kann. Alles geht zu schnell, um eine wirkungsvolle Reaktion auszudenken, geschweige denn, diese umzusetzen. Der Mann drückt ihm seine Kunstledermütze in die Hand. Dann befielt er:

„Weiter gehen . . . . . noch weiter", und der Mann, jetzt im Cardin-Jackett, deutet in Richtung des Waldes, hinter dem Zaun, hinein in das für Jan so fremde Land. Der Mann schließt das Tor auf der Straßenseite, die er selbst mit keinem Schritt verlassen hat, mittels eines großen Vorhängeschlosses und einer grobgliedrigen Stahlkette, die er mehrfach um die beiden Flügelholme windet. Jan ist nun quasi ausgesperrt, oder anders gesagt, in die DDR eingesperrt.

„Wollen Sie mich erschießen oder mich hier mitten in einem mir völlig unbekannten Waldgebiet stehen lassen?"

„Tut mit leid, aber es muss sein. Wenn Sie den Weg weiter gehen, kommen Sie nach Golzow. Sprechen Sie mit Werner Kost, den Sie im HO-Laden finden.

Auf keinen Fall zurück über den Zaun, der ist alarmgesichert, ich warne Sie!"

Was zum Teufel sollte das Ganze, in was war er da hineingeraten und doch kam ihm nach kurzem Nachdenken sehr schnell die so einfache Erklärung. Der Offizier wollte mit seinen Papieren und seinem Wagen über Drewitz nach Westberlin flüchten.

„Respekt, Respekt", hätte Dieter gesagt und mit zweifelhafter Anerkennung spöttisch gegrinst.

Einer unerklärlichen Eingebung folgend, die Hände in den Zaun gekrallt, schreit er dem sich abwendenden Autodieb hinterher:

„Bruno – wir sehen uns wieder! Gib auf mein schönes Auto acht!"

Der Offizier bleibt wie angewurzelt stehen, wendet sich um, und die bisherige kühle Starre seiner Gesichtszüge weicht einem fassungslosen Erstaunen:

„Woher kennen Sie meinen Vornamen?"

Jetzt war die Überraschung auf der Seite des Ausgesperrten, weil er neben dem blöden Pseudonym ‚Amann' gelegentlich noch einen anderen unspezifischen Namen benutzt, nämlich Bruno. So betitelte er nicht sich selbst, sondern gebrauchte diesen gelegentlich einem informierten Gesprächspartner gegenüber, wenn in Gesellschaft über einen gemeinsamen weniger angenehmen Dritten gesprochen wurde und dessen wirklicher Name nicht unbedingt offenkundig werden sollte. Ungewollt hatte er jetzt in seiner Hilflosigkeit, in einem wahrhaft völlig anderen Zusammenhang, mit dem hinausgeschrienen ‚Bruno' einen Treffer gesetzt.

Bruno, denn so lautete ganz offensichtlich der Vorname des Fluchtwilligen, verharrt einen Moment unschlüssig, dann sagt er:

„Ich hoffe wir werden uns wiedersehen, Jan!"

Auch er benutzte jetzt überraschenderweise Jan's Vornamen, was einen Augenblick lang so etwas wie eine nicht näher zu definierende Beziehung schafft, wobei sich Jan die Worte „hoffen auf ein Wiedersehen" nicht erklären kann.

Dann geschieht etwas völlig Unerwartetes.

Der Offizier wirft seine Pistole, die er die ganze Zeit noch in Richtung Jan vor seiner Brust gehalten hatte, in einem hohen Bogen über den Zaun in den Wald nahe dem Standort des Ausgesperrten, dreht sich schnell um und steigt in den Wagen. Der Motor heult auf, weil er beim Anfahren viel zu viel Gas gibt, und das ungleiche Paar, der

Porsche Super 90, Jan's silbergrauer ‚Augapfel' und der flüchtige Grenzoffizier verschwinden in aufspritzenden Stein- und Sandfontänen zurück in Richtung Transitautobahn.

Hoffen auf ein Wiedersehen? Wie sollte dies je geschehen, was hatte sich der Mann dabei gedacht? Fragen, auf die Jan in diesem ungewöhnlichen Moment keinerlei Antworten findet, jedoch vielleicht doch eine Bedeutung bekommen könnten. Aber wie sollte dies geschehen, wann, wie, durch was und wen?

Zumindest gab es nun einen Namen, der neben allem Vordergründigen, einen, wenn auch äußerst merkwürdigen, Bezug zwischen ihnen schaffte. Doch zunächst blieb die Tatsache – Auto weg, Ausweispapiere weg, zusammen mit den DDR-Transitpapieren, Geld, Jacke, Brille, alles weg.

„Na denn Prost", hörte er Dieter sagen und hinzufügen „jetzt nimm mal den Fuß aus der Scheiße". Vielleicht würde er auch wieder ein ‚entzückend' anhängen und seine Elvis-Locke mit einem Schwung des Kopfes aus dem Gesicht fegen.

Jan setzt seine ihm überlassene Ersatzbrille auf und glaubt, dass die annähernd rund gefassten Gläser noch aus der Zeit seines Studiums in ihrer Schlichtheit sicherlich den vergleichbaren DDR-Brillenfassungen entsprechen könnten. Dann betrachtet er die sonstigen ihm überreichten Utensilien genauer. Da sind zunächst die Stoffjacke und die Kunstledermütze. Damit konnte er mühelos als DDR-Bürger durchgehen, was ihn jedoch nicht unbedingt erheiterte, aber vielleicht nützlich sein könnte. Es fröstelt ihn, obwohl der laue Frühsommerwind, der vom sanften

Rauschen der Blätter des Laubwaldes begleitet wird, durchaus den frühmorgendlichen Julitemperaturen entspricht.

Es ist die Kälte des Ungewissen, die seinen Körper durchzieht, vielleicht auch der fremde Geruch der Jacke, der noch immer zu dem Mann gehört, der sie noch bis vor wenigen Minuten trug. In einer Seitentasche findet er ein frisches, sauber gefaltetes Taschentuch und in der anderen eine Geldbörse aus Kunstleder, abgegriffen, leicht gebogen, so wie lange in einer Gesäßtasche getragen.

Darin Geldscheine und Münzen, die er bisher nie gesehen hat, außer dem braunen Zehn-DDR-Markschein, der ihm an der Grenze für seine gute D-Mark übergeben wurde. Er zählt und betrachtet:

Einen grünen Zweihundertmarkschein mit dem Abbild einer braven Bürgerfamilie, zwei blaue Einhunderter mit dem bärtigen Genossen Marx, drei rote Fünfziger mit dessen Gesinnungsgenossen Friedrich Engels, einige grüne Zwanziger mit Gevatter Goethe, Zehner mit dem Konterfei einer grauhaarigen Mutti, wahrscheinlich Karla Liebknecht, Fünfer, auf dem ein offensichtlich mittelalterlicher Kaufmann aufgedruckt ist, auf dem Kopf eine flache ‚Fuggermütze', und dann noch Münzgeld, bei dessen Berührung man sofort spürt, dass dieses Aluminiumgeklimper nichts wert ist. Aber es lag noch eine andere Art Münze an einer kurzen Kette dabei, jedoch oval aus Messing, mit einem Stern auf der einen Seite und dem rückseitigen Schriftzug – Kriminalpolizei Land Brandenburg – und eine achtstellige Nummer.

Eine Polizeimarke also, man glaubt es nicht!

Dann bringt der Inhalt der inneren Brusttasche der ihm überlassenen Jacke die zweite wirkliche Überraschung. Darin befindet sich ein grünes Dienstbuch der Volkspolizei mit goldgeprägter Umschlagschrift „Ministerium des Innern" und darunter „Deutsche Volkspolizei". Aufgeklappt mit dem Bild und dem vollen Namen des Eigentümers, Bruno Alexander Dietz, in Uniform, Dienstgrad Oberleutnant, Dienstnummer, innenliegend ein rotes Parteibuch, einen grünen Sozialversicherungsausweis und ein ziemlich abgegriffener Führerschein der DDR. Bruno hatte seine Aktion offensichtlich seit Langem sorgfältigst vorbereitet und dabei offensichtlich eine gewisse Humanität gegenüber dem Beraubten eindisponiert, indem er ihm einige Dinge überließ, die ihm helfen sollten, mit einigem Einfallsreichtum im fremden Land zurechtzukommen, wie immer dies auch geschehen mochte.

Dieter würde sagen:

„Ein heißes Ding, da mach mal was draus" und dabei ein winzig schadenfrohes Grinsen auf seine Lippen zaubern.

Jan sucht die Pistole. Warum er dies tut, könnte er sich im Augenblick selbst nicht beantworten. Schnell hat er sie gefunden. Sie ist geladen, denn das Magazin ist unten am Griff sichtbar und sie ist gesichert, das erkennt er, weil der kleine Hebel oben am Lauf den roten Punkt verdeckt. Wohin mit dem schweren Ding, sollte er sie wirklich mitnehmen? Er erinnert sich, dass in amerikanischen Kriminalfilmen die Pistolenträger ohne Halfter den hinteren Hosenbund benutzten. Dies geht auch bei ihm mühelos, aber es ist ihm unwohl, das kalte, unbekannte Metallstück durch sein Hemd auf der Haut zu spüren. Nachdem allmählich der erste Schock zwischen den umgebenden hochgewachsenen, dicht stehenden Buchen verdampft ist und sein Denken allmählich wieder einsetzt, greift er zuallererst an seine linke Wade und stellt fest, dass das ‚SecurityBag', welches er aus einem alten ledernen Brustbeutel selbst gebastelt und mit zwei durchgesteckten kurzen Lederriemen an seinem Bein befestigt hatte, noch da ist.

„Amann, schlaues Kerlchen!" lobte er sich selbst, denn vielleicht konnte er nun zum ersten Male seine für alle Notfälle gedachte Reisereserven nutzen.

In dieser flachen Beintasche befinden sich Kopien seiner Ausweise und Geld, das heißt in diesem Falle, das Meiste was er für Berlin disponiert hatte und so für den Transit nur wenig im entwendeten Portemonnaie verblieb, leider auch seine soeben erworbene Kreditkarte des Diners-Clubs, womit der Dieb einigen Unfug anstellen könnte. Gut, dass die VOPO's nach der Kofferkontrolle keine erweiterte Körperkontrolle vorgenommen hatten. Soweit, so gut – aber was jetzt?

Wie war doch seine Devise, wenn sich plötzlich unerwartete Ereignisse auftun, so wie dies auf seinen verschiedenen zum Teil recht abenteuerlichen Reisen bereits geschehen war – sich mit dem Rücken an eine Wand stellen, das Umgebende oder Gegebene sichten, analysieren, dann denken, nach Lösungsmöglichkeiten suchen und schlussendlich handeln. Eine Wand war nicht da, und die Situation bedurfte keiner zusätzlichen Analyse, da diese in der Realität ohne sein Zutun bereits geschaffen war. Aber das Kommende zu bedenken und zwar in unterschiedlichen Richtungen, war nun mehr als angezeigt. Nur keine Hektik aufkommen lassen. Leichter gesagt als im Augenblick getan, da das soeben Erlebte in seinem Vorausdenken absolut nicht vorkam, vorkommen konnte.

Was hatte der Offizier vor?

„Klar wie dicke Tinte", würde Dieter sagen. „Der will mit Deiner Identität, rübermachen", so wie Jan es nach dem ersten Schock auch begriffen hatte. Deswegen fuhr Bruno mit seinem Polizei-Wartburg nach der Kontrolle so schnell davon, wogegen es seine zwei untergebenen Kameraden offensichtlich nicht eilig hatten. Sicher erhielten sie von Oberleutnant Bruno Alexander Ditz Anweisungen, welche ihren Aufenthalt an der Transitstraße verlängerte, was sich durch das beobachtete Autotelefongespräch des einen VOPO zu bestätigen schien. Ditz musste einen Vorsprung herausfahren, um seinen vorbereiteten Plan, beginnend mit dem Unterstellen seines Polizeifahrzeuges, dem Kleiderwechsel und den anderen Fluchtmaßnahmen, vor allem den BRD-Bürger betreffend, zeitlich unterzubringen.

Der Oberleutnant hatte wohl, ohne dass es seine Kameraden bemerkten, schon seit längerer Zeit nach einem geeigneten ‚Objekt' Ausschau gehalten, einem Mann, der ihm ähnlich sah, der einen modernen, schnellen und damit unverdächtigen Westwagen fuhr, mit dem er sich von der Überfallstelle ausgehend ausreichend Vorsprung verschaffen konnte, Drewitz zu erreichen, zumal der ausgesetzte Westler sicherlich nicht so schnell aus seiner vertrackten Lage herausfinden würde. Dies umsomehr, als sich dieser zu Fuß in unbekanntem Gelände zurechtfinden musste, und die Menschen der Umgebung den Fremden möglicherweise als kriminell verdächtigten. Im ungünstigsten Falle lief er den VOPO's in die Hände, was er ihm, aber vor allem er sich selbst nicht wünschte.

Die Kameraden würden ihn sicherlich zunächst als Republikflüchtling begreifen, zumal sein DDR-Outfit in eine solche Szenerie passte. Dies alles dürfte weder zeitlich noch real vor dem von ihm disponierten Treffen des Westlers mit seinem väterlichen Freund Kost in Golzow passieren, da er, Bruno Alexander Dietz, für den Fahrweg nach Drewitz einschließlich der Zollkontrolle, deren Mechanismen er detailgenau kannte, sicherlich noch mehr als eine gute Stunde benötige.

Inzwischen bilanziert Jan seine Situation:
„Dieser reale Bruno hatte seine Aktion gut überlegt und mitleidlos auf Kosten des Transitreisenden durchgeführt."
Und er sinniert weiter:
„Heute Abend kein Essen beim Eierkopp und auch keine Borretsch im Balagan. Kacke mit Ei!"

Über den Zaun zur Transitautobahn zurück? Nein, wie am engmaschigen Gitterwerk hoch kommen, unmöglich darüber zu klettern, da oben zwei gabelförmig nach außen gespreizte Bügel, die mehrspurig Stacheldraht führen und dazwischen ein dünner blanker Draht läuft, der wahrscheinlich unter Strom steht. Der Mann hatte ihn gewarnt. Und wenn er trotzdem hinüber käme, als Anhalter an der Transitstrecke würde kein Auto stoppen, weil die meisten in ihm höchstwahrscheinlich einen Republikflüchtigen vermuteten, mit dem weder Westler noch Ostler etwas zu tun haben wollten. Ergo in die andere Richtung, in den Wald hinein. Vielleicht könnte er von dem genannten Ort Golzow nach Hause telefonieren, zur Ständigen Vertretung der Bundesrepublik in Ostberlin oder Dieter bitten, für ihn einen Weg zurück ins Kapitalistenparadies zu finden. Diese Bezeichnung fiel ihm in seiner Lage einmal mehr ein, gemessen an dem, was er in wenigen Stunden im Arbeiter- und Bauernparadies erlebt hatte.

Rechts des Weges, nicht weit vom Gittertor entfernt, entdeckt er im Niederbusch einen großen Haufen alter, verdorrter, oben darauf jedoch ganz frischgeschnittener Äste, aus denen im Sonnenlicht das zwischen den hochgewachsenen Buchen hindurchdringt, ein metallisches Blitzen sichtbar wird. Als er sich dieser merkwürdigen Anhäufung nähert, erschrickt er zunächst bis in die Zehenspitzen, denn der Blätterhügel entpuppt sich als getarntes Polizeifahrzeug. Ihm wird sofort klar, dass es sich um den Wagen des Flüchtenden handeln musste, denn er bemerkt jetzt auch die im weichen Waldboden unzureichend verwischten frischen Reifenspuren.

Die Türen sind verschlossen. Auf dem Rücksitz sieht er, als er einige Äste beiseite räumt, eine Uniform sauber gefaltet mit einer Uniformmütze obenauf. Den Wagen aufbrechen, die Uniform anziehen, die ihm sicherlich passen würde und den Motor kurzschließen zum Auftritt als VOPO-Offizier? Nein, wenn man ihn dann erwischen würde, wäre alles noch schlimmer, und außerdem weiß er nicht, wie man einen Wagen kurzschließt, da sich seine diesbezüglichen Informationen nur auf Kinofilme beschränken, wo die Protagonisten irgendwie unter dem Armaturenbrett herumfummeln und der Motor dann plötzlich läuft.

Jetzt wird ihm einmal mehr klar, zu was die zeitverzögernden Weisungen an die VOPO's und deren längeres Telefonat dienen sollte, nämlich den Vorsprung des Flüchtigen maximal zu vergrößern, damit er ausreichend Zeit hatte, seine vorbereitenden Maßnahmen durchzuführen. An den verdorrten Ästen konnte man leicht erkennen, dass dort bereits früher umfängliche

Tarnvorräte angelegt waren, so dass er am Tage X nur noch ein paar frische Äste dazu legen musste.

Jan geht auf den Weg zurück. Der Waldpfad stößt nach wenigen einhundert Metern hinter dem Tor auf eine schmale Straße, die in freies Gelände hinausführt. Die zu großen Schuhe hatte er mittels der Schnürsenkel fest zusammengezogen, so dass er einigermaßen zügig voran kommt. Äcker mit verschiedenem Korn, halbhoch aus der Scholle gesprossen, säumen seinen Weg. Links hinter den Feldern zieht sich der Wald weiter nach West und Ost wie ein Vorhang, der die Garstigkeiten der Transitstrecke verdeckt. Nach einer halben Stunde führt die Straße abermals in eine dichte Baumgruppe. Es sind Espen, deren Blätter im Wind ein leises helles Klirren erzeugen, wie wenn feinstes Glas zusammenstößt. Er kennt die Sprache dieser Bäume gut und er liebt es, ihnen zuzuhören. Keine Menschenseele weit und breit. Um ihn herum herrscht Stille. Nur das Zwitschern kommunizierender Vögel dringt an sein Ohr.

Mehr als eine Stunde ist inzwischen vergangen. Die unpassenden Schuhen zwingen Jan, trotz mehrfachen Nachschnürens, zu einem hinderlichen Gang. Der Flüchtige könnte eventuell bereits den Grenzpunkt Drewitz erreicht haben und befindet sich möglicherweise bereits am Ziel seiner Unternehmung, nämlich in Westberlin, während der Bestohlene keinerlei Vorstellung hat, was auf ihn zukommt.

Dann ein Motorengeräusch. Ein steinzeitlicher Traktor nähert sich aus der Richtung in die er geht, und hält kurz darauf neben ihm. Der Fahrer, ein schnauzbärtiger alter Mann mit den Runen eines harten Lebens im Gesicht, blickt ihn misstrauisch an.

„Wohin des Wegs?"

„Nach Golzow, wie weit ist es noch?"

Der Alte schweigt und schaut ihn minutenlang an.

„Wollen Sie rübermachen? Zur Autobahn geht's in die andere Richtung!"

„Nein, nein ich wurde reingemacht!" Der Alte blickt ihn verständnislos an und denkt wahrscheinlich, dass er Jemanden mit einem leichten Dachschaden vor sich hat.

„Amann, solche Witze kannst Du Dir sparen, wenn auch Dieter mit Sicherheit an der Interpretation ‚Reinmachen' seine ganz spezielle Freude hätte."

„Was suchen Sie, gottverdammt, in dieser nicht ungefährlichen Grenzzone? Da schnappen sich die Grenzer immer wieder mal einen, der nicht genau erklären kann, was er nahe der Transitstrecke zu suchen hat. Die Aufpasser siehst Du nicht, die sitzen auf ihren Türmen mit dem Fernglas oder streifen mit Hunden durch den Wald. Dort drüben über den Bäumen kannste den nächsten Wachturm sehen."

Der Bauer hatte ihn geduzt. War er ein Kumpel oder ein Trottel, der mit allen per Du sprach?

Jan denkt fieberhaft: Kann ich diesem Mann trauen, wenn ich ihm meine Geschichte erzähle, wahrscheinlich lacht er mich aus, zeigt mich an oder denkt, er habe wirklich nicht alle Sinne beieinander?

„Ich bin Ornithologe und beobachte Vögel." Etwas Besseres fiel ihm nicht ein, und die Vogelstimmen hatten ihn wohl zu dieser Aussage stimuliert.

Der Alte verzieht sein Gesicht, was vielleicht ein spöttisches Lächeln sein könnte: „Ohne Fernglas?"

„Ich studiere die Vogelstimmen." Er verheddert sich zusehends in seine soeben erfundene Daseinsbegründung.

„Ich bin mit Werner Kost in Golzow bekannt".

„Ach ja, der Kost, ja, ja der führt den HO-Laden in der Hauptstraße gleich am Abzweig nach Lehnin."

„Was kost's Herr Kost und Kost sagt dann, es kost was es kost... soundsoviel Mark", der Bauer lacht trocken.

„Grüßen Sie ihn vom Adolf, er ist ein guter Kerl, hat viel für seine Mitmenschen übrig, mischt sich nur zu viel ein, bis sie ihn eines Tages am Kragen nehmen. Sie sind doch nicht von der Staatssicherheit?"

Der Bauer wird jetzt ein wenig rot im Gesicht und siezt ihn plötzlich wieder.

„Nein, nein, ich bin Naturforscher, also dann!"

Sakrament, so schnell wird man vom Bestohlenen, Ausgesperrten, Fußläufer, Lügner zum Vogelbeobachter und Naturwissenschaftler oder gar zum Stasi-Spitzel.

Adolf legt den Gang ein, tippt an seine Mütze...

„Halt, kann ich ein Stück mitfahren?"

Jan reagiert unbedacht auf einen Blitzgedanken, der ihn instinktiv trifft, ohne Ankündigung und ohne konstruktives Konzept, ein Reflex auf die so unverhältnismäßig veränderten Gegebenheiten.

„Ja, aber Sie gehen doch in die andere Richtung nach Golzow?"

„Ich habe etwas vergessen, habe ein paar seltene Pflanzen gefunden".

Adolf schaut wieder misstrauisch, ja geradezu ängstlich, vielleicht doch einer von der STASI?

„Ich fahre nur etwa einen Kilometer, dann biege ich links ab zur LPG."

„In Ordnung, ich steige am Abzweig aus". Er folgt jetzt einem Gedanken, der etwas beinhaltet was das Spektrum des Kommenden beeinflussen könnte. In seinem Kopf arbeitet es, und er lernt sich selbst unter völlig veränderten Bedingungen neu kennen. Wie reagiert man auf etwas, das einem so unvorbereitet trifft? Es zeigt sich dann, wenn es geschieht, so oder so.

„Kann ich so einen Jutesack bekommen" und deutet auf ein Bündel leerer Säcke, die mit einem Riemen am Trecker festgebunden sind.

„Klar!" Adolf nestelt am Riemen und zupft einen der rauen Säcke heraus.

Wenige Minuten später erreichen sie den Weg, der mitten in den Feldern rechtwinklig abzweigt.

„Danke und viel Erfolg beim Ackerbau".

„Was rede ich nur für einen Mist", denkt Jan.

Adolf rattert davon, ohne sich ein einziges Mal umzusehen. Gesprochen hatte er die letzten Minuten auch nicht mehr und nur noch verbissen auf den steinigen Weg gestarrt. Verständlicherweise kam ihm der Ornithologe, der ganz schnell noch zum Biologen mutierte, hier im Grenzgebiet nicht ganz geheuer vor, aber sicher gehörte Adolf zu jenen Typen, die sich aus Erfahrung am Liebsten aus allem heraushalten, was zu Schwierigkeiten führen könnte, und bis zum Stammtischgeschwätz am Abend würde es noch dauern. Dort beim Feierabendbier in gewohnter Runde könnte Adolf vielleicht von dem komischen Orni-Biologen erzählen und sich mit vagen Vermutungen und kleinen Übertreibungen vor seinen Genossen ein wenig interessant machen.

Wieder nähert er sich seinem ‚Schicksalswald' und denkt, dass ihn mit dem, was er jetzt vorhat, vielleicht der Teufel reitet.

„Egal, es ist sowieso alles außer Kontrolle, und ich muss von jetzt an neu denken, alle Möglichkeiten, die sich anbieten ins Kalkül ziehen, so auch die Variante, welche mich ganz plötzlich zur nochmaligen Umkehr veranlasst, um schnellstmöglich mit allen Mitteln, die sich ergeben, wieder einen Weg zurück in meine Normalität zu finden."

Der VOPO-Wartburg steht noch immer unverändert im Dickicht. Er nimmt einen großen handlichen Stein vom Boden und zertrümmert ein Seitenfenster, öffnet die Türe von innen und greift sich die säuberlich zusammengelegte Uniform einschließlich der oben aufliegenden Mütze. Dabei befindet sich auch ein Koppel mit einer leeren Pistolentasche, jedoch mit einem gefüllten Ersatzmagazinfach. Zu seiner Überraschung findet er hinter dem Vordersitz schwarze hohe Schaftstiefel, die er ohne zu zögern anprobiert. Sie passen ihm besser als die hässlichen Schnürschuhe, zumal an den Stiefeln im Knöchelbereich Marschriemen angebracht sind, die man stramm anziehen kann, damit der Fuß fixiert wird und so das Gehen erleichtert. Er kennt diesen Mechanismus von den SA-Stiefeln seines Vaters, die er nach dem Krieg als Reitstiefel genutzt hatte. Für einen aufmerksamen Beobachter würden jedoch die nun strammen geraden Hosenbeine seiner eng geschnittenen Cardin-Hose, die er nur mühsam über die Stiefelschäfte ziehen kann, merkwürdig aussehen. Die Uniform verwahrt er sorgfältig im Jutesack, so dass sie möglichst nicht zerknittert, und legt dann den Sack wie ein Bauer nach einer kleinen Ernte über die Schulter. Die schwarzen Schuhe wirft er in hohem Bogen in die Büsche und marschiert im wahrsten Sinne des Wortes von dannen.

Warum die Uniform mitnehmen, ist ihm eigentlich überhaupt nicht klar, aber man kann nie wissen – als Beweis der Wahrheit seiner Geschichte – wem er sie denn auch erzählen sollte oder vielleicht ein starker uniformierter

Auftritt in einem Uniformenstaat, um zu entkommen – wer weiß?

Stille.

Nur der sanfte Wind über den Feldern lässt die jungen Blätter am Waldesrand glitzern. Die Sonne zeigt sich hin und wieder zwischen den weißen Wolkenbänken und Jan denkt, wäre ich doch anstelle eines falschen Ornithologen ein Vogel und könnte davonfliegen.

Jetzt nochmals in Richtung Golzow. Er erhöht sein Tempo, obwohl er nichts vor sich hat, dass er zeitlich hätte erreichen müssen, außer, und so war es tatsächlich auch, dass er den Tag unbedingt nutzen wollte, seine Situation zu klären.

In der Ferne hört er jetzt den Trecker von Adolf und denkt, wenn er wieder auftauchen sollte und in Richtung Dorf fahren würde, könnte er ihn mitnehmen.

Vergebliche Hoffnung, das Brummen verliert sich, als er erneut den zweiten Wald erreicht.

Nach einer halben Stunde öffnen sich die dicht stehenden Bäume zu freien Feldern hin, und in der Ferne sieht er über dem Wegehorizont Dächer von Häusern.

Adolf hatte ihn sehr misstrauisch gemustert, obwohl seine Jacke und auch seine Ersatzbrille mit der fast antiken Fassung durchaus nicht den Westler signalisierten. Wie würde man im Dorf auf ihn reagieren? Die speckige Kunstledermütze in seiner Jackentasche setzt er jetzt auf, weil diese ‚Tarnung' die Assimilation an dieses merkwürdige Land vielleicht verbessern könnte.

Die Angst des Intendanten

Bruno Alexander Dietz hasste seinen ersten Vornamen, der ihn soeben wie ein Nadelstich traf. Immer wieder hatte er versucht, seinen zweiten Namen Alexander ins Spiel zu bringen. „Sagt Alex zu mir", aber man verstand ihn nicht, wollte sich nicht umgewöhnen. Bruno ist doch prima, kann man sich gut merken, kann laut gerufen werden, wird über große Entfernungen verstanden. Sein Argument, bei Alex wäre dies doch das Gleiche, verhallte stets. Bruno klebte an ihm und blieb auch während seines beachtlichen Aufstiegs, von der Schule beginnend, über die FDJ (Freie Deutsche Jugend), NVA (Nationale Volksarmee) bis zu seiner Überstellung zum Grenzschutz, an ihm haften. Nur sein stiller Vater nannte ihn bis zu dessen frühen Tod ausnahmslos Alexander. Und jetzt rief ihn der ausgesperrte, ausgeraubte Westler durch den Zaun unerklärlicherweise mit diesem ungeliebten Namen an. Verdammt, was hatten sich seine Eltern dabei gedacht, aus ihm einen unintelektuell assoziierenden ‚Bruno' zu machen. Dieser Vorname wurde manchmal zur fixen Idee von Schwäche und konnte ihn sogar aus der Fassung bringen, je nach dem, wer und wie der Name ausgesprochen wurde, obwohl hierzu eigentlich kein wirklicher Grund bestand. Und nun hatte der feine Pinkel da drüben, der ihm verblüffend ähnlich sieht, ausgerechnet in diesem Moment des ersten gelungenen Teils seines riskanten Unternehmens dieses vermaledeite Stichwort nach gerufen. Woher konnte er es wissen, stand ihm der Bruno inzwischen auf der Stirn?

Weg mit diesen Irritationen, die Zeit, die ihm für sein sorgfältig geplantes Unterfangen blieb, war knapp. Er musste jetzt Kost anrufen und ihm mitteilen, dass die Aktion läuft, und zweitens seine Dienststelle wegen des längst beantragen Kurzurlaubs, um seine kranke Mutter zu besuchen.

Noch einmal musste er äußerst gewagt in seine Rolle als Offizier der NVA-Sondereinheit Grenzschutz schlüpfen, um die vordisponierten Nachrichten an die richtigen Stellen zu bringen.

Nach der Tankstelle Ferch gibt es einen kleinen abgesenkten Parallelweg, der zu zwei großen verschlossenen Holzkisten führt, deren pultartige Deckel mit Dachpappe abgenagelt sind. Auf den Vorderseiten steht jeweils in weißer Schablonenschrift ‚Volkseigentum' und sie beinhalten Werkzeuge der Straßenarbeiter.

Zwischen dem tieferliegenden Weg und der Autobahn waren im Laufe von Jahren dichte Büsche gewachsen, die den Wagen dort unten von der Straße her weitgehendst unsichtbar machten, wenn man nicht explizit hinunterblickte. Er öffnet zu aller Sicherheit die Motorhaube, als handle es sich um eine Panne, schmeißt die Westlerjacke in den Wagen und zieht sein darunter getragenes Uniformhemd zurecht. Mit der grauen Uniformhose, die er bewusst nicht getauscht hat, würde der Tankwart denken, er habe Jacke und Mütze wegen der Wärme im Auto gelassen. Dann marschiert der wieder erkennbare Grenzoffizier im Eilschritt auf dem Trampelpfad, den die Arbeiter entlang dem Waldrand ausgetreten haben, zur nahen Tankstelle, wo man nicht nur Benzin tanken, sondern auch Zigaretten kaufen oder einen Kaffee trinken kann, den der Tankwart im Sommer wie im Winter immer auf seinem kleinen Holzofen parat hält. Dieser Kaffee verdient zwar seinen

Namen nicht, denn es handelt sich um eine Art Kaffeeersatz, der mangels des echten Produktes, das derzeit im sozialistischen Staat nicht zu haben ist, im Volksmund ‚Muckefuck' heißt, jedoch trotzdem den Straßenarbeitern für eine Verschnauf- und Schwatzpause stets willkommen ist.

Der Tankwart, ein IM, ein inoffizieller Mitarbeiter der Staatssicherheit, denn nur solche Zuverlässigen durften an die Transitstrecke, war den Oberen immer zu Diensten. Er fragt beflissen, ob es mit dem Wartburg ein Probleme gäbe.

„Nein Genosse, ich bin einer Grenzverletzung auf der Spur und muss dieserhalb sofort telefonieren, mein Autofunk hat in diesem besonderen Fall eine zu geringe Reichweite". Dann deutet er mit der Hand auf die Straße und sagt:

„Geh mal kurz raus, es ist eine Geheimsache, absolutes Stillschweigen, klar!"

Der IM geht, wie befohlen, mit einem leichten Kopfschütteln, da er den Oberleutnant Dietz noch nie in einer solch sichtbar angespannten Verfassung gesehen hatte hinaus und denkt, mein lieber Schwan, da sieht man wieder einmal wie der STASI sich auf seine Leute verlassen kann.

Dietz hatte, als er das Tankstellengebäude betrat, ziemlich erfolglos versucht, Kühle und Souveränität zu demonstrieren, was ihm jedoch offensichtlich nur bedingt gelang, jedoch von seinem IM glücklicherweise als Anspannung wegen des Geheimvorganges gedeutet wurde. Zumindest schien der Tankwart überzeugt, dass sein Führungsoffizier einer großen Sache auf der Spur war, und denkt:

„Ich halt mich da raus, er soll in Ruhe seine Pflicht tun und telefonieren."

Bruno reisst den Hörer förmlich von der Gabel mit dem fast panischen Gedanken, gerade jetzt würde ein VOPO-Auto vorbeikommen und den leerstehenden Porsche entdecken.

Kosts Telefon klingelt.
„Grün" ist alles was Dietz sagt. Dieses Stichwort hatte er mit dem alten Freund seines Vaters vereinbart.
Dann kommt der schwierigere Teil des zweiten Telefonates.
„Hier Oberleutnant Dietz, bitte den Genossen Abschnittsleiter Oberst Sonnemann!"
„Genosse Oberst, soeben wurde mir von einem Genossen meiner ehemaligen Dienststelle in Berlin, der gerade Patrouille fährt, die Nachricht übermittelt, meiner Mutter gehe es sehr schlecht und sie würde nach mir verlangen. Ihr Einverständnis vorausgesetzt würde ich gerne über das Wochenende meinen in dieser Sache bereits vorsorglich beantragten Kurzurlaub antreten, um das Notwendige zu besorgen."
Der Oberst scheint gerade gut gestimmt, denn er sagt:
„Es ist ja im Augenblick nach dem Klamauk mit dem Ami-Konvoi nicht allzuviel los, so dass sie im Prinzip gehen können, aber – und nun kam mit scharfer Betonung die Ergänzung – melden Sie sich unbedingt am Montag wieder zum Dienst, keinen weiteren Zusatztag, verstanden! Wir haben interne Informationen des SSD, dass möglicherweise eine Sache von größter Bedeutung auf uns zukommt. Sie sind, wie sie sehr genau wissen, für Spezialeinsätze ausgebildet, und ein solcher könnte eventuell in Kürze anstehen. Man hört – aber bitte dies bleibt absolut unter uns – dass sich in der Tschechoslowakei bei Dubcek etwas

anbahnt was dem brüderlichen Verbund mit unserem großen Vorbild, der Sowjetunion, nicht entspricht. Nichts für ungut, aber bitte halten sie sich an meine Weisung, ansonsten alles Gute für ihre Mutter. Wo sind sie denn jetzt?"

„Kurz vor dem Schönefelder-Kreuz, also schon fast zuhause!"

Was gelogen war, denn dies wäre weiter östlich über dem Abzweig nach Drewitz hinaus.

„Na dann mal los!"

Sonnemann war ihm wohlgesonnen, ansonsten wäre dieser plötzliche Urlaubsantritt, wenn auch schon seit Längerem angekündigt, nicht durchgegangen.

„Alles klar" ruft er dem Tankwart zu, der gerade ein BRD-Auto betankt und ihn mit einen angedeuteten militärischen Gruß an die nicht vorhandene Mütze grüßt.

Außer Sicht der Tankstelle rennt Dietz los und ist erleichtert, als er den Wagen vorfindet wie er ihn verlassen hatte. Diese Telefonaktion war eine ganz enge Passage und die schwächste Stelle seines Planes, wo er mit Glück spekulieren musste, im anderen Falle hätte er den äußerst problematischen Plan B aufgreifen müssen, um mit allen denkbaren Erklärungen in seine bisherige Rolle als Grenzoffizier zurückzuschlüpfen.

Am Auto angekommen, reißt er sich die Uniformbluse vom Leib und stopft sie hinter eine der Werkzeugkisten. Jetzt strahlt sein weißes Hemd, das er darunter trägt aus dem äußerst modischen Westsakko hervor, so dass sein prüfender Blick in den Rückspiegel ihm einen gut gekleideten jungen BRD-Bürger zeigt.

Vorbei und soweit gut gegangen, nun aber ist höchste Eile geboten. Wenn der Tankwart seinen geschwätzigen

Mund nicht hält oder Sonnemann die Streckenposten informiert, ihn, der gar nicht kommen würde, wegen der kranken Mutter zügig durchzulassen, könnte vor allem die falsche Ortsangabe zu Rückfragen führen und möglicherweise an den Grenzübergängen Alarm auslösen.

Den Abzweig Potzdam hat er passiert, dann südlich den nach Dessau-Leipzig, und kurz darauf in einer Rechts-Links-Schleife über die weiterführende Autobahn hinweg, wieder die Transitstraße in Richtung Norden nach Drewitz/Dreilinden erreicht. Seine im Dienst anerzogene, kühle Einschätzung des Erforderlichen in allen denkbaren Situationen, gerade aus der Erfahrung seiner Zeit als Grenzschützer, hat ihn verlassen und einer schier unerträglichen Spannung Raum gegeben, die ihn in einen, ihm bisher unbekannten, Ausnahmezustand versetzt. Alles war bisher kontrolliert verlaufen bis zu dem Moment, als ihn unvermittelt und unerklärt aus dem Mund des Westlers sein ungeliebter Vorname ‚Bruno' traf.

Die wenigen Kilometer bis zur Grenzübergangsstelle fliegen zu schnell an ihm vorbei, so dass es ihm unmöglich ist, sein inneres ‚Normalnull' wieder herzustellen. Die GüST, im Dienstgebrauch genutztes Kürzel für Grenzübergangsstelle Drewitz/Dreilinden, liegt jetzt unvermittelt vor ihm.

Die ihm plötzlich extrem hässlich erscheinende Ansammlung von Bauten, Drahtverhauen, Hinweisschildern, die er bisher aus einer ganz anderen Sichtweise kennt, erschrecken ihn. Mehrere Fahrspuren führen sich verengend zu kleinen Kontrollhäuschen, über denen in Höhe der Leuchtmasten die schwarzrotgoldenen DDR-Flaggen, im Milieu Hammer und Zirkel ährenumkränzt, im leichten Wind flattern.

Er hat Angst, genau im Sinne dieses Wortes, so wie er sie bisher nicht kennt, nicht vorstellen konnte. Er hat jetzt unwiderruflich die Seite gewechselt, und die Gefühle der Westbürger oder gar der Grenzflüchtlinge im Angesicht der Barrieren lagen bisher außerhalb seiner Vorstellungskraft. Natürlich hatte er sich gedanklich vorbereitet, alle Möglichkeiten seines gewagten Unternehmens bedacht, versucht auch jedwede Alternative durchzudenken, aber alles nur in der Theorie, denn jetzt geschah es, und es gab kein Zurück mehr.

Bekenntnisse

In der klaren Absicht, den jungen Staat, hinter dessen Grundsätzen Bruno Alexander Dietz nach vormilitärischer Ausbildung in der Schule und mit Feuer und Flamme bei der FDJ, uneingeschränkt stand, wollte er vor dem imperialistischen, kapitalistischen Feind von außen schützen. Er verstand dies als seine ihm aufgetragene vordringlichste Aufgabe.

Später, nach Überreichung des Offizierspatents im Sommer 1961, zeitgleich mit den neuen Schutzverstärkungen an allen Außengrenzen und in Berlin, ließ er sich im Januar 1962 zur neu formierten Grenzschutztruppe versetzen, die formal zwar als Bestandteil der NVA galt, jedoch weitgehendst eigenständig operierte. Grün war jetzt seine Farbe am Mützenband, an den Kragenspiegel, und eine grüne Armspange zierte von da den linken Unterarm seiner Uniform.

Dietz hatte eine im Sinne der Sozialistischen Deutschen Einheitspartei Partei SED beispielhafte Aufstiegskarriere beschritten, und seine Führungszeugnisse belegten eine absolute Linientreue.

Unmittelbar nach dem Übertritt zum Grenzschutz warb ihn das Ministerium für Staatssicherheit, kurzgenannt MfS, an und machte ihn zu einem der internen Verbindungsoffiziere für die IM, die inoffiziellen Mitarbeiter des Staats-Sicherheits-Dienstes, die als verdeckte Ermittler staatsfeindliche Aktivitäten zu beobachten und ihrem jeweiligen Führungsoffizier zu melden hatten.

In dieser doppelten Funktion wurde er, wiederum intern, zum Kommissar der Volkspolizei ernannt und erhielt die darin festgelegten polizeilichen Machtbefugnisse. Die dafür vom Ministerium des Inneren erforderlichen Ausweispapiere, wurden durch eine Polizeimarke ergänzt, die er im Falle eines plötzlichen Einsatzes stets bei sich zu tragen hatte.

Dietz war von der Richtigkeit der DDR-Ideologie im Verbund mit dem Brudervolk der Sowjetunion, von der kommunistischen Idee, deren Grundlage darauf beruhte, dass es allen Menschen gleich gut gehen solle, überzeugt. Das Studium der Lehren von Karl Marx und Friedrich Engels entzündete in ihm Feuer und Flamme für deren Sozialismus, wenn auch, was er durchaus bemerkte, die darin vertretenen Grundgedanken aus jener Zeit der Industrialisierung des vorigen Jahrhunderts nicht unbedingt vergleichbare Voraussetzungen mit der Gegenwartssituation erlaubten. Alles entwickelt sich, dachte er, und braucht Wegstrecken zur Vervollkommnung. Wir brechen auf in eine neue gute Zeit, und die Zukunft wird unser Bemühen belohnen. Er hatte alle Stationen der kommunistischen Erziehung erfolgreich, mit viel Lob seiner Lehrer und späteren Ausbilder, ohne Wanken, aufrecht den hehren Zielen folgend, durchlaufen.

Stolz trug er das blaue FDJ-Hemd mit den Schulterklappen und dem gelben Sonnensymbol auf dem linken Ärmel. Schon in der zehnten Klasse wurde er Thälmann-Pionier und spürte die Gemeinsamkeit mit der Jugend der Welt, so wie diese ihm, jedoch begrenzt auf die der sogenannten Bruderländer, vermittelt wurde.

Den Wehrdienst in einer militärischen Laufbahn fortzusetzen ergab sich zwangsläufig aus seiner Gesinnung heraus, und auch die beredten Falten auf der Stirn seines Vaters, als er ihm erklärte, er wolle nicht Medizin studieren, sondern dem Staat an vorderster Front dienen, konnten ihn nicht von seinem strahlenden Vorhaben abbringen.

Professor Dr. Carl Dietz, sein Vater, der ihn in frühester Jugend auf den jetzt gewählten Lebenspfad geführt hatte, war spätestens nach seiner angeordneten Versetzung von der Charité in das kleine Krankenhaus am Prenzlauer-Berg, zunehmend schweigsamer geworden. Die früher so lebhaften Gespräche zwischen Sohn und Vater über die Gemeinsamkeiten ihrer Gedanken wurden zur Seltenheit und verliefen zuletzt zunehmend diametral. Manchmal kam ein ehemaliger Kriegskamerad von Vater, ein Sanitätsoberfeldwebel, der ihn den ganzen Krieg über begleitet und ihm assistiert hatte, zu Besuch. Er war der Sohn eines älteren Kollegen von Carl Dietz und ehemaliger Medizinstudent namens Werner Kost. Dieser hatte sein Studium nach dem Krieg, aus welchen Gründen auch immer, nicht fortgesetzt oder fortsetzen können und lebte jetzt irgendwo auf dem Lande in einem kleinen Ort, südlich von Berlin, wo er einen HO-Laden führte.

Wenn Kost kam, huschte stets ein kleines Lächeln über die Lippen des alten Arztes, und die Männer saßen dann im leisen Gespräch in den beiden antik anmutenden Sesseln, die früher am Kamin des kriegszerstörten Familienbesitzes standen und die man mit anderen Habseligkeiten aus dem brennenden Haus retten konnte.

Im Gespräch blicken beide fast ausschließlich in die gleiche Richtung durch das Fenster hinaus auf eine fast ununterbrochene Trümmerlandschaft, die sich die Stadt hinunter zieht und im Laufe der Jahre einen milden grünen Mantel bekommen hat, aus dem, ihres Haltes beraubte Reste krummgebrannter Kamine, zackige Mauerkronen und Stahlträger herausragen.

Auf der anderen Straßenseite steht ein von Bombensplittern zerzauster, aufgespaltener Kastanienbaum, dessen abgetrennte, zerrissene, früher so starken Äste jedoch noch immer trotzig in den Himmel zeigen. Im Frühjahr wächst aus ihnen, ungeachtet der schweren Verletzungen, zartgrüner Spross, als wolle der große Stamm beweisen, dass er noch lebt, leben will, leben kann. An den neuen dünnen Zweigen entfalten sich alljährlich mehr und mehr grüne Blätter, Blütenkerzen richten sich auf, und später fallen die reifen, glänzend braunen Früchte aus ihren stacheligen Hüllen, die man gerne anfasst und enttäuscht ist, wenn dabei die zarten weißen Kappen schnell verwischen. Im Herbst glühen die gelbbraun verfärbten Blätter in der

Sonne und fallen im Spätjahr in sattem Rostrot zu Boden. Auch sie glänzen ein letztes Mal, wenn der Regen sie nässt, um dann im frostigen Novemberwind in wirbelnden Kaskaden die Straße hinunter zu wehen. Vielleicht denkt der alte Dietz im Angesicht des verstümmelten Baumes an die vielen im Kugelhagel oder Granatfeuer zertrümmerten, zerrissenen Gliedmaßen, die er den jungen Männern abtrennen musste, in der Hoffnung, dass sie trotz des Verlustes weiterleben können, wollen, wie es der Baum tat.

Dann kam die Zeit der Sprachlosigkeit des alten Arztes, was Alexander zunächst auf seinen Kurzurlauben von der Truppe kaum registrierte, bis sein Vater schwer erkrankte und Mutter meinte, er hätte sich innerlich verzehrt, sein Lebenswille habe ihn verlassen. Vater Dietz starb noch im gleichen Jahr, still in der Nacht. Sie fanden ihn am Morgen in seinem Bett mit einem ruhigen, fast jungen Gesicht.

Zwei Tage zuvor, so erzählte Mutter unter nicht versiegenwollenden Tränen, die ihr ohne Schluchzen in kleinen Rinnsalen die Wangen hinunterliefen, habe Vater Dietz stumm, aber mit heftigen Gesten auf die Straße hinunter gedeutet, immer wieder dorthin, wo Männer dabei waren die tapfere Kastanie zu fällen. Gerade hatte sie wieder in strahlend weißen Kerzen geblüht, die zu Knospen und dann zu kugeligen Stachelfrüchten werden sollten, als man ihr das Leben nahm.

Bruno Alexander Dietz fand nach dem Tode seines ihm in den letzten Jahren so entfremdeten Vaters Aufzeichnungen, deren Inhalt in ihm, am Beginn seines Umdenkens über die Machenschaften der Mächtigen des kommunistisch-bolschewistischen Imperiums, einen ersten schockartigen Impuls auslöste. Er las mit zunehmender Erschütterung den Umbruch im Denken eines Mannes, der stets alles gegeben hatte und zuletzt in tiefer Verbitterung nur noch als Beobachter des Niedergangs seiner so hoffnungsvollen Ideale verharrte.

Die Macher der DDR beschrieb Vater Dietz als Marionetten des sowjetischen Stalinismus, der in seiner Grausamkeit den Verbrechen des deutschen Faschismus glich, und spätestens als die Grenzen des neuen deutschen Staates im August 1961 dicht gemacht wurden, wendete er sich mit Verachtung und Abscheu vom Kommunismus ab. So viel an Enthusiasmus hatte er in ihn investiert, weil ihm dessen Grundideen menschengerecht und förderlich erschienen. Nichts davon wurde in der Enge der neuen Bürgerpflichten umgesetzt. Wieder gab es eine Partei, der zu huldigen war, die immer Recht hatte, und wieder wurde denunziert und eingesperrt, zuerst Menschen, dann das ganze ‚Neue Deutschland'.

Umbruch

Bruno Alexander Dietz war ab Mai 1965 dem Grenzbataillon Mitte, viertes Grenzkreiskommando angehörig, wobei seine Aufgabe neben dem regelmäßigen Patrouilliendienst als verdeckter MI darin bestand, die Zuverlässigkeit der Grenzsoldaten zu bewerten. Er hatte hierfür einen Kriterienkatalog zur Verfügung, nachdem er die Soldaten für den Bericht an den MfS, auch als SSD Staatssicherheitsdienst bezeichnet, inoffiziell in unterschiedliche Kategorien einzuteilen hatte. Ausgesuchte

Soldaten der Gruppe A durften zum Beispiel uneingeschränkten Dienst an der vordersten Grenzlinie leisten, während andere aus der GT (Grenztruppe) entsprechend ihrer Beurteilung nur in der Sperrzone, zum Wachdienst in den Kasernen oder den Führungsstellen, eingesetzt werden konnten.

Für die Männer der Gruppe A galt die Verordnung des Staates für den Dienst an der Grenze, gemäß Weisung des ersten Parteisekretärs der SED, Walter Ulbricht, durch den gezielten Schuss Menschen, welche den Anordnungen der Grenzschützer nicht unmittelbar Folge leisteten, daran zu hindern, provozierend den imperialistischen Schutzwall der DDR unerlaubt zu verletzen oder ihn gar zu durchbrechen suchten. Dies gelte vor allem für Deserteure, auf die ohne vorherigen Warnschuss das Feuer zu eröffnen sei. Seit dem 06. 10. 1961 galt in diesem Zusammenhang die annähernd gleichlautende Weisung des Verteidigungsminister Heinz Hoffmann:

„Wachen, Posten und Streifen der Grenztruppen der NVA sind verpflichtet, an den Staatsgrenzen ihre Schusswaffen in folgenden Fällen anzuwenden:

Zur Festnahme von Personen, die sich den Weisungen der Grenztruppen nicht fügen, indem sie auf Anruf . . . . . . Halt, nicht . . . oder nach Abgabe eines Warnschusses nicht stehen bleiben, sondern versuchten, die Staatsgrenze der DDR zu verletzen und keine andere Möglichkeit der Festnahme besteht."

Im Weiteren erging unter anderem die Anordnung des MfS (Ministerium für Sicherheit) direkt nach der Grenzschließung und des Mauerbaus in Berlin, vor den hohen Stacheldrahtgrenzzäunen, im Abstand von zehn bis dreißig Meter noch einen zweiten Zaun zu errichten, um so einen sogenannten Schutzstreifen zu schaffen, der frei von Bewuchs den Posten eine gute Sicht ermöglichte und somit Fluchtversuche früh erkennbar würden. Diese Doppelanlagen waren jedoch noch nicht in allen Bereichen fertiggestellt, so dass es noch immer einzäunige Bereiche gab, die Republikflüchtlinge nutzten.

Dietz, im Innendienst am Ende des Barackenflurs an den verfluchten internen Berichten arbeitend, hörte vom anderen Ende des Ganges, dort wo sich der sogenannte Verhörraum befand, laute Stimmen, die in Gebrüll übergingen.

Durch das Mithören des Grenzfunkes hatte er erfahren, dass man vor einer Stunde Grenzverletzer festgenommen habe. Eine schon routinemäßige Information, die ihn im Moment nichts anging, da er zur Berichtverfassung abgestellt war.

Draußen wurde es jedoch lauter und lauter, und Dietz entschloss sich nachzusehen. Er betrat den Vorraum des Verhörraumes am anderen Ende des Flurs, durch dessen inneres Fenster man die Verhörvorgänge beobachten konnte.

Vor dem schmächtig gebauten Unterleutnant Kraske, den sie ob seiner Bissigkeit hinter dessen Rücken ‚Terrier' nannten, und dem an der Wand lehnenden Oberfeldwebel Müllerschön, saßen zwei junge Burschen, keine zwanzig Jahre alt. Der eine hielt den Kopf gesenkt und gab offensichtlich auf die Befragung nach Fluchthelfern keinerlei Auskunft. Es schien, als wäre er geistig weggetreten und befände sich infolge eines großen Schreckens in einer Art Schockstarre. Der andere hingegen, dem die beiden Verhörspezialisten die Hände mittels Handschellen hinter der Stuhllehne zusammengefesselt hatten, tobte und schrie in einer schrillen Lautstärke, ohne sich unterbrechen zu lassen. Wenn der Unterleutnant mit Strenge in der Stimme dazwischenging, um eine weitere Frage zu stellen, überschrie ihn der Junge, ohne auch nur im Geringsten auf den Inhalt der Befragung einzugehen:

„Mörder, ihr seid Mörder, ihr habt Stephan erschossen, ihr dummen Handlanger, ihr armseligen Büttel der Verbrecher, die diesen erbärmlichen Gefängnisstaat regieren. Seht euch doch den Oberkommunisten an, den Ulbricht, den Wasserträger der Sowjets, diesen hässlichen Knilch, den kinnbärtigen Lenin-Verschnitt, der uns Glauben machen will, wir würden im Paradies leben und uns immer mehr den letzten Funken Selbstbestimmung nimmt. Jetzt macht dieser Popanz zusammen mit dem blassen Nichts von Stoph den DDR-Sack ganz zu und glaubt womöglich in seiner grenzenlosen Einfalt, er vollbringe Großes!"

Dem jungen Mann läuft etwas Blut aus einem Mundwinkel und er reißt wie besessen an seiner Fesselung. Kraske schlägt ihm ins Gesicht, wahrscheinlich hatte er es schon vorher getan.

„Schlag nur zu du Winzling, du ausgekotztes Würstchen. Ich kann mich nicht wehren, sonst würde ich dir deine gelben Zähne in den Rachen treiben!"

Dietz betritt den Raum. Die ihm untergebenen Soldaten grüßen respektvoll, kennen sie doch die weitreichenden Befugnisse des Oberleutnants.

Der Junge keift „aha jetzt kommt der Oberkomiker, jetzt wird's fidel" und schaut Dietz mit einem unsäglich verächtlichen Blick in die Augen.

„So bringt Ihr den nicht zum reden.

Ich übernehme! Ab mit ihnen, rüber in die Zellen, einzeln, verstanden!"

Nur mühsam unterdrückt er seine Empörung über die unmaßstäbliche Brutalität einem Wehrlosen gegenüber, aber er lässt sich nichts anmerken.

„Zu Befehl Herr Oberleutnant!" Und sie packen die Jungs, wobei sie dem Gefesselten die Hände einfach hinten über die Stuhllehne reißen, dass man meinen könnte, es kugele ihm die Arme aus. Der Junge schreit auf. Er blutet jetzt auch aus einem Ohr, wahrscheinlich durch den letzten Schlag des Terriers.

Nach einer Stunde geht Dietz hinüber in die Gefangenenbaracke.

Zwischenzeitlich hat er den Sanitäter zu dem blutenden Jungen geschickt und sich berichten lassen, dass dessen Lippen innen aufgespalten seien und eigentlich genäht werden müssten. Im Ohr wäre eine Ader geplatzt, so dass er im Moment wahrscheinlich auf dieser Seite nichts hören könne, die Verletzungen aber bei entsprechender Behandlung sicher ohne bleibende Folgen heilen würden. Zuerst geht er in die Zelle zu dem Stillen, er heißt Volker Ambros und ist Gymnasiast aus Erfurt, so wie sein Kamerad auch.

Der Junge spricht jetzt leise, wohl weil er spürt, dass der Grenzoffizier ihm nichts Böses will.

„Stephan hat uns geführt, er war schon oben auf dem Zaun, hatte die dicke Wolldecke über den Stacheldraht gelegt und wollte sich gerade hinüberfallen lassen, da gingen die Signallichter an, die wir wohl irgendwo unbemerkt ausgelöst haben und dann kam das Kommando:

‚Zurück, Hände über den Kopf!'

Stephan schwang sein Bein über den Zaun, da haben sie geschossen und er blieb oben auf dem Stacheldraht hängen.

Er ist tot.

Wir wollten nur frei sein wie die da drüben!"

Als er dies sagt, laufen ihm die Tränen in kleinen Rinnsalen über die Wangen.

„Höre zu mein Junge, ihr müsst jetzt ganz bedacht sein und das Beste aus dieser Situation machen. Dazu gehört, dass ihr im Verhör schlüssige Angaben macht wie eure Vorbereitung lief und, dass niemand ausser euch eingebunden ist. Ihr müsst beide das Gleiche aussagen!"

Der junge Mann blickt den VOPO-Offizier erstaunt an.

„Wir haben unseren Familien gesagt, wir würden übers Wochenende einen Fahrradausflug ins thüringische Schiefergebirge machen und dort mit dem Zelt zwei Tage verbringen. Wir sind durchgefahren bis Sonnenberg, dort haben wir in einem Wald übernachtet und den Samstag verbracht. In der Nacht zum Sonntag warfen wir die Räder in den oberen Main und versuchten, unseren Plan durchzuführen, aber es kam so wie es kam!"

„Ich spreche mit deinem Freund. So könnt ihr eure Geschichte vertreten, und ihr habt die bestmöglichen Voraussetzungen für das sicher nicht sehr Angenehme was euch jetzt bevorsteht. Aber ihr seid noch jung!"

„Warum helfen Sie uns?"

Dietz schaut dem Jungen lange in die verwundeten Augen, geht jedoch wortlos mit einem leichten Zucken seiner Schultern.

Hannes Köhler, der andere, wortreiche sitzt jetzt still auf seiner Pritsche.

„Was wollen Sie", fährt er den Oberleutnant an und weiter, wieder ganz laut schreiend „ ich will ans Mittelmeer, nach Italien, ich will nach Griechenland, Kreta zu den

Minoern, ich will frei sein, tun können was ich will, nicht mehr reglementiert werden!"

Und dann wiederholt er den Satz weiter laut schreiend und auch ihm, dem harten Jungen stehen Tränen in den Augen:

„Ich will ans Meer, ich will ans Mittelmeer, ans Mittelmeer und nicht in das verdammte FDJ-Ferienlager an der verdammten Ostsee!"

Dietz ist ob dieser hinausgeschrienen Sehnsüchte mehr als betroffen. Noch nie hat er die Verzweiflung eines jungen Menschen, der sich nach Freiheit sehnt und sich nur noch eingesperrt fühlt, so erlebt, so tief empfunden.

„Du kommst ans Meer, sei jetzt überlegt und tapfer und nimm das bisschen Zeit, das man dir von deiner Jugend rauben wird, in Kauf. Sei mutig, so wie du es tatsächlich bist."

Dietz erstaunt sich über seine eigenen Sätze, die so völlig spontan aus seinem Mund kommen, und lernt sich einmal mehr neu kennen.

Sein Freund Jiri Jendrik, zu deutsch Georg Heinrich, worauf dieser großen Wert legt, der ehemalige Leutnant der Tschechoslowakischen Armee, nennt ihn Alexej. Sie sitzen sich auf der Brüstungsmauer in Mitte der Karlüv Most, der Karlsbrücke in Prag, der Schönen, die den Krieg fast unbeschadet überstanden hat, gegenüber. Alexej blickt die Moldau abwärts und hinauf zum Hradschin, der sich stolz über dem Kleinseitener Ring auf dem Berg erhebt, und alleine mit seiner trutzigen Erhabenheit von den großen Stürmen, die in der Geschichte über ihn hinwegfegten, erzählt.

Jiri, dessen Daumen und Zeigefinger der rechten Hand bei einer Schießübung durch ein explodierendes Schloss eines ZB 30 Maschinengewehrs abgerissen wurde, blickt an Alexej vorbei, den Fluss hinunter und hinüber auf die Kreuzherrenkirche, deren mächtiger Turm sich über dem Clementinum des Sankt Salvador erhebt und eines von mehreren prägnanten Toren zur ‚Stare Mesto', der Altstadt, symbolisiert.

Sie trafen sich erstmals bei einem Manöver der Warschauer Paktstaaten und wurden trotz weniger Begegnungen in der Folgezeit gute Freunde.

Jiri entließ man nach seinem Unfall aus der Armee mit einer Minimalrente, die in keinem Verhältnis stand. Mit Hilfe eines Freundes seines Vaters, dem Bibliothekar Dr. Jakub Olzek, erhielt er eine Anstellung in der Stadtbibliothek von Prag am Marienplatz, mitten im Herzen der Stare Mesto.

„Dort habe ich alle Freiheit der Welt gefunden, in den Büchern der alten Meister, denn die Gedanken sind frei, überwinden alle Zäune und Mauern."

Fang mit Schiller an, hat der alte Bibliothekar gesagt, dem die weißen Chopinhaare bis auf die Schulter fallen und sich seitlich des Gesichtes mit buschigen Haarkoteletten verbinden. Er rasiert sich nur noch um den Mund und sagte mir, Friedrich Schiller ist einer der Väter der Gedankenfreiheit und sein, dem Menschen so nahes Empfinden, wird inhaltlich immer Gültigkeit haben.

Wo sind die Zerstörer wie die Nazis, die Teufel in Menschengestalt, bei Goethe, Heinrich Heine, Theodor Fontane, Theodor Storm und den anderen großen Geistern zu finden? Nirgends! Die Zeit verweht die Ausbrüche des Teufels. Das Menschenmögliche hat alle Facetten. Ein bösartiger Zyklus vergeht als Zeitfunke mit befristet schrecklichem Nachhall, eine Totgeburt und anderes wächst nach, manchmal zum Besseren.

Wo sind die Bolschewiki bei Alexander Puschkin, Leo Tolstoi, Fjodor Dotojewski, Anton Tschechow oder bei dem Realisten Iwan Gontscharow mit seinem provokativen ‚Oblomow'? Das Böse in den Mördern und Verrätern guter Ideen wird stets nach einer begrenzten Zeit von innen heraus verfaulen.

Ich lerne jetzt Französisch, denn ich will Molière, Voltaire, Proust, Guy de Maupassant und vor allen Dingen Émile Zola, in dessen Büchern der soziale Gedanken tief verwurzelt ist, vor allem in seinem Zyklus – Le Rougon-Macquart – wie man mir sagte, im Original lesen. Viele Übersetzungen verfälschen."

„Alexej, quäle Dich nicht. Die Zeit wird auch für Dich kommen wo Du Freiheit erleben wirst. Bis dahin träume Dich mit den Geschichten der Welt über Zeit und Raum."

„Ich, Jiri Jendrik, muss nirgend wohin, ich bin frei, in meinen Büchern – überall, jederzeit, immer."

Auf eine Distanz von wenigen Metern, nur durch den garstigen Gitterzaun mit seiner Stachelkrone unbarmherzig getrennt, steht Oberleutnant Dietz dem westdeutschen Grenzer gegenüber.

„Lass den Jungen rüber, bitte!"

Der BRD-Grenzer in der grünen Uniform streckt die Hände gegen den Zaun.

„Seine Mutter und die Kleine sind doch schon bei uns und sein Vater liegt tot vor Deinen Füßen. Bitte Kamerad!"

„Sie wissen sehr genau, dass das nicht geht, dass ich das nicht machen kann – darf!"

„Bitte!"

Der kleine Junge, vielleicht sieben oder acht Jahre alt, kniet neben seinem reglos am Boden liegenden Vater, dessen Brust von einer Maschinenpistolengarbe zerschnitten ist und versucht mit leisen Rufen „Papa, Papa" das Leben aus dem Tod zurückzurufen. Er schüttelt den Vater und streicht ihm immer wieder über das Gesicht.

Hinter Dietz, in einem Abstand von vielleicht zwanzig Metern, stehen der Gefreite Malzow und der Unterleutnant Kraske. Aus dessen Maschinenpistole ein feiner, blauer Rauchstreifen in die kalte, sternenklare Nacht zieht.

Am Zaun lehnt eine Art Leiter aus zusammengesteckten Aluminiumrohren mit Quersprossen. Der Stacheldraht, der V-förmig die obere Krone bildet, ist durchgeschnitten, und es hängt ein dickes Tau, das mit einem Karabinerhaken in den Maschen festgeklammert ist, auf der anderen Seite hinunter.

Sie hatten den inneren Sicherheitszaun bereits überwunden und dabei wohl den Alarm ausgelöst. Später fand man die undichte Stelle an einem kleinen Wassergraben, den der Zaun überbrückte und dabei unten eine Lücke ließ, die der Mann mit einem Armeespaten so weit vergrößert hatte, dass die ganze Familie hindurchschlüpfen konnte.

Drüben hörte Dietz die Stimme der Frau, die man zusammen mit dem winzigen Mädchen zu einem Mungo-Jeep geführt hat:

„Karl, Karl," dann, „Berti, Berti!"

Immer wieder hört er die Verzweiflung, und sein Blut fängt an, in seinen Adern zu erstarren.

„Mann, reiche mir den Kleinen rüber, bitte, es hat doch keinen Sinn ihn bei euch zu lassen, seine Mutter ist hier drüben und der Vater tot, den könnt ihr behalten, ihr Knechte vom anderen Stern."
„Geht nicht!"
„Ich kann nicht!"
Dann ganz leise, so dass seine Hinterleute es nicht hören:
„Ich kann nicht mehr!"

Kraske bekam für seinen entschlossenen Einsatz an vorderster Linie direkt von der vorgeordneten Abschnittsleitstelle acht Tage Sonderurlaub.

Werner Kost besuchte Charlotte Dietz auch nach dem Tod des Professors. Machmal und später regelmäßig trifft er dort mit Bruno zusammen. Sie verstehen sich über den Aufzeichnungen des Vaters und Freundes und durch das fortschreitende eigene Erleben im geschlossenen Raum.
Ein Plan konstituiert sich.

Hölle und Blut

Sein ganzer Körper riecht nach Blut, Eiter, nach Äther, Karbol, Erbrochenem, und am Ärmel seines ehemals weißen Chirurgenmantels hängen kleine Fetzen menschlichen Fleisches des letzten Amputationspatienten, eines blutjunger Gefreiten, dem eine Mine beide Beine abgerissen hat. Dieser Junge, der hellwach, bei klarem Bewusstsein seinen schrecklichen Zustand erkennt, blickte den Arzt mit einem seltsamen Ausdruck aus Hingabe und befreiendem Loslassen an. Doch in seinen Augen steht auch die noch immer flackernde Angst und das panische Erschrecken des unbegriffenen wirklichen Geschehens, bis ihn der Schmerz, mangels ausreichender Narkotika, erlösend in die Gnade der Ohnmacht fallen lässt. Er hatte zuviel Blut verloren, was dem pflichterfüllenden Absägen der Knochenstümp-fe, Entfernen aller umgebender Knochensplitter und Vernähen der schrecklichen Wunden den Sinn raubte.

Carl Walther Dietz, Professor der Medizin und Stabsarzt bei einer zusammengewürfelten Division unterschiedlichster Waffengattungen aus Resten der Heeresgruppe Mitte, sitzt in seinem kleinen Raum, der ihm als Chef des völlig überfüllten Militärkrankenhauses geblieben ist. Er starrt bei weit geöffnetem Fenster in den grauen Prager Aprilmorgen des Jahres 1945 und empfindet eine entsetzliche Leere, die seinem Geist keine Türe der Hoffnung öffnet, begleitet von dem Gefühl, seine letzte Kraft würde ihm aus den Armen fließen, hinunter zu den Blutstropfen der jungen Soldaten, die dem schmutzigen Holzboden dunkle Flecken machen.

Das Krankenhaus liegt auf der Westuferseite der Moldau, der ‚Malá Strana'. Er sieht in einiger Entfernung den Hradschin in seiner gedrungenen Mächtigkeit schemenhaft auf dem gegenüberliegenden Burgrücken.
Der Stadtkommandant, Generaloberst von Bachelin, ein durchaus aufrechter Mann der alten preußischen Militär-

schule, einem fehlgeleiteten Treueeid verfallen, dessen Wurzeln zu lange versteckt im Bösen wüten konnten, hatte ihm dringend geraten, die Stadt mit den deutschen Verbänden zu verlassen, da nach neuesten Informationen wahrscheinlich nicht die Amerikaner die Stadt zuerst erreichen würden, sondern die Russen, und zwar die 1. Ukrainische Armee zusammen mit der 4. Russischen Panzerdivision unter Marschall Konjew, von dem nichts Gutes zu erwarten sei. Eisenhower habe diesen Strategiehandel wohl mit Stalin vereinbart. Schlimmer sei jedoch der offensichtlich kurz bevorstehende Aufstand der tschechoslowakischen Widerstandskämpfer, die keinerlei Gnade mit den Deutschen kennen würden.

„Ich lasse meine transportunfähigen Patienten nicht im Stich".

Dietz hatte vor wenigen Tagen einen jungen Tschechen namens Pschiski mit einer Schussverletzung operiert, der ihm vielleicht aus Dankbarkeit, weil der Professor zwischen ihm und den verwundeten deutschen Soldaten keinen Unterschied machte, unter dem Siegel der Verschwiegenheit verriet, falls der Krieg bis dahin noch nicht zu Ende sei, würden Widerstandsmilizen in wenigen Tagen in Prag einen Aufstand entfachen, an dem er selbst hätte teilnehmen sollen und gemäß seines Wissens um den Hass der Tschechen auf die Deutschen, dem Professor eindringlichst empfohlen, die Stadt sofort zu verlassen. „Gehen Sie weg, die bringen alle Deutschen um."

Dietz entgegnet zur Überraschung des Tschechen:

„Ich bin Kommunist, mir wird man nichts tun!"

Ihm, der lange an das Gute des Nationalsozialismus geglaubt hatte, waren durch sein Kriegserleben im Namen des Führers nicht nur zunehmende Zweifel an der

Vertretbarkeit des militärischen Tuns gekommen, sondern er hatte von den verbrecherischen sogenannten ethnischen Säuberungen minderer Rassen Kenntnis erhalten, ja deren Realisierung im Rücken der Militäraktionen insoweit miterlebt, als er Patienten auf den Tisch bekam, die von jenen Schrecknissen gezeichnet waren. Dabei auch Täter, zugleich Opfer ihres eigenen schrecklichen Tuns, die keine Ruhe mehr fanden, Männer der Totenkopf-SS, die plötzlich ihr Ideal verloren hatten, deren Schreie von ihren Alpträumen ausgelöst, neben denen aus körperlichem Schmerz, nachts die dampfend blutigen Krankensäle er-füllten.

Seine tägliche Arbeit, zerfetzte junge Körper notdürftig zusammenzuflicken, im Erkennen der immer deutlicher werdenden Sinnlosigkeit eines Weiterführens des längst verlorenen Krieges im Dunst nationalsozialistischer Propagandalügen, die mit Raffinesse jahrelang die Wirklichkeit beschönigt hatten und jetzt mit falschen Versprechungen noch immer zum heroischen Heldentum aufriefen, löste in ihm eine zunehmende innere Resignation aus. Die Unabänderbarkeit, scheinbare Unentrinnbarkeit seines jetzigen Seins verursachte in ihm eine gedankliche Wende, die in ihm durch eine andere Gedankenwelt einen Hoffnungsschimmer auf eine bessere Zukunft wachsen ließ, während die Gegenwart im Chaos versank.

Sanitätsoberfeldwebel Werner Kost, Medizinstudent und Sohn eines bekannten Arztes, der dem Professor während des Kriegseinsatzes lange Zeit äußerst kompetent assistiert hatte, sprach eines Abends, als sie nach einem besonders blutigen Tag vor dem Zelteingang des Feldlazarettes in Charkow saßen, unvermittelt über seine Vorstellung einer Zukunft nach dem Kriege. Es dürfe nie mehr die da oben und die da unten geben, wo die Einen den Anderen sagen könnten was sie zu machen hätten, so wie dies jetzt in so unglaublich schrecklicher Weise geschehe. Nein, in einem Frieden, den es schnellstmöglich geben müsse, für den man alles tun solle was in der Kraft jedes Einzelnen stünde, müsste es allen Menschen gleich gut gehen, so wie es Karl Marx und Friedrich Engels in der Zeit der Industrialisierung im vorigen Jahrhundert bereits aufgezeigt und manifestiert hätten. So sei dies im Kommunismus verankert, könne jedoch leider im Bolschewismus der Sowjetunion während des Krieges in Reinform noch nicht praktiziert werden. Dies gelte es, in einem neuen Deutschland nach dem Kriege mit einer Politik zu erreichen, die auf die ideologischen Wurzeln von Marx und Engels zurückführten. Danach solle man streben und mithelfen, dadurch eine bessere Welt zu schaffen.

Ob der Professor noch nichts vom Komitee ‚Freies Deutschland' gehört habe, an dessen Spitze, unter anderen angesehenen kriegsgefangenen deutschen Offizieren, auch der bei Stalingrad in russische Gefangenschaft geratene General Walther von Seydlitz aktiv tätig sei, im Bemühen ein friedliches Nachkriegsdeutschlands in Freiheit und Gleichheit aufzubauen? Er habe zusammen mit Kameraden schon mehrfach über den Sender Radio Moskau, welcher durch den großen Empfangsradius des deutschen Armeefunks leicht zu empfangen sei, von diesen guten Gedanken für Deutschland nach der Hitler-Zeit gehört.

Dietz war zunächst sprachlos über die Offenheit des Oberfeldwebels, der ja nicht wissen konnte wie er reagieren würde, andererseits, sicherlich in der langen Zusammenarbeit bemerkt hatte, wie sehr der Zweifel an der Rechtmäßigkeit des Tuns der deutschen Führung immer wieder in seinen Nebensätzen oder Randbemerkungen hervortrat. Allen Menschen soll es gleich gut gehen, schien auch dem Professor ein unterstützenswerter Ansatz für einen möglichen Neuanfang, zumal, wenn Männer wie der hochdekorierte General von Seydlitz, Kommandeur des 51. Armeekorps, das dem Terror der Durchhalteparolen Adolf Hitlers in Stalingrad zum Opfer fiel, diesen Zukunftsgedanken unterstützten würde und damit die neue Bewegung eine gute Basis zu haben schien.

„Ja, so könnte man sich ein neues Deutschland vorstellen, ein modifizierter Kommunismus in Freiheit mit gegenseitiger Achtung und Beachtung der Menschenrechte, gleich welcher Hautfarbe oder Religion, ohne Bevormundung, Bevorzugung, ohne Denunziation Andersdenkender im Respekt vor dem Leben schlechthin. Ja, so gesehen, wäre auch ich – bin ich Kommunist und kann für eine solche Idee eintreten!"

Das konnte der Hoffnungsschimmer sein, der Sinn des Weiterlebens, Weiterhelfens, die armen Geschundenen zu pflegen, zu bewahren für eine bessere Zeit danach. Von da an keimte in den Gedanken des Professors eine zarte Pflanze, deren Früchte für eine erstrebenswerte Zukunft reifen sollten, nicht zuletzt, um auch seinen kleinen Sohn Alexander auf einen guten Lebensweg zu führen. Fast hatte er es vergessen, das Kind, das er in den wenigen Urlaubstagen nur immer ganz kurz gesehen hatte, zu dem er keine wirkliche Beziehung aufbauen konnte, dem Jungen, den seine Frau Bruno nannte, ein vorangestellter Vorname, den sie aus Reminiszenz an einen besonders geliebten Großvater gegen seinen ausdrücklichen Willen durchgesetzt hatte.

Das Donnern der Artillerie kam täglich näher und damit die Ungewissheit des unermüdlich ausharrenden Arztes, der wie im Taumel zwischen Tag und Nacht, zwischen Operationstisch und Feldbett, einen fatalistischen Gleichmut entwickelte, in dessen Schatten jedoch jener kleine Hoffnungsfunke auf eine andere bessere Zeit schlummerte.

Amann hilft nicht

Jan nannte sich in dieser aus dem Nichts entstandenen Ausnahmesituation für einige Momente selbst ‚Amann', um damit das Unwirkliche seiner plötzlich so grass veränderten Lebensumstände ein wenig zu ironisieren, zu karikieren, was jedoch in keiner Weise dem Ernst der Realität entsprach.

Aber Amann hatte sich davongemacht und Jan mit einer Abschiedsbemerkung den Rücken gekehrt:

„Schau Du mal selbst wie Du zurecht kommst. Hast mich oft genug unfein benutzt, wenn es für Dich eng wurde!"

Direkt hinter dem verwitterten Ortsschild ‚Golzow' stehen links und rechts der Straße die ersten Häuser.

Der Ort ist klein. Sein Mittelpunkt wird durch das Zusammentreffen kreuzförmig aufeinander zulaufender Ortsverbindungsstraßen charakterisiert. Auf einer Erhebung, von einem kleinen Park umgeben, steht eine achteckige Barockkirche, die sicherlich auf eine geschichtsträchtige Vergangenheit zurückblickt, wenn sie auch einige, nicht unbedingt harmonische neuzeitliche Überarbeitungen und Anfügungen erfuhr. Doch die außergewöhnlich mehreckige Grundform gibt der Kirche eine besondere Gewichtung.

Die Häuser, meist niedrig mit steilen Giebeldächern, davon wenige mit zwei oder mehr Geschossen, zeigen Fassaden in einem fast einheitlichen Grau. Viele Gebäude hatte man offensichtlich nach dem Krieg mit einfachsten Mitteln wieder aufgebaut. Dazwischen noch immer in Trümmern liegende Anwesen. Hier musste vor dreiundzwanzig Jahren eine Frontlinie verlaufen sein, denn nur so lässt sich die bauliche Zerrissenheit der jetzigen Dorfstruktur erklären.

Seine Augen versuchen sich einen Moment lang am formal Schönen der kleinen Kirche zu erfreuen, bevor er in die Ungewissheit der nächsten Minuten, Stunden, oh Gott, vielleicht Tage zurückkehrt.

Die offensichtliche Vergessenheit des Dorfes mit den um die Mittagszeit menschenleeren Straßen überträgt sich auf ihn und behindert den Gedanken an sein nächstes Handeln.

Eine Frauenstimme in seinem Rücken fragt, was er suche. Er dreht sich um und blickt in zwei muntere grüne Augen einer jungen Frau, die sich mit einem Korb am Arm, von der Straße her genähert hat.

„Schöne Kirche, ist aus dem achtzehnten Jahrhundert, berühmt. Davon gibt es nur wenige in Europa. Sind Sie deswegen nach Golzow gekommen?"

„Ja, ja natürlich auch deswegen, aber in erster Linie, um einen alten Bekannten zu besuchen."

„Wer ist das?"

Verdammt, er wollte eigentlich keinen Namen nennen, aber was blieb ihm übrig, vielleicht war es hilfreich und die Frau keine Petze.

„Werner Kost."

„Ah, ja!"

„Der ist jetzt nicht in seinem Kaufladen, es ist Mittagszeit, er ist zu Hause. Über die Kreuzung hinweg in Richtung Lehnin, das vierte Haus links, da wohnt der Einsiedler."

Und sie lächelt ein wenig spöttisch. Ihre Augen taxieren ihn mit unverhohlener Neugierde, den Fremden, der ihr wahrscheinlich äußerst merkwürdig erscheint, wobei ihr Blick einen Moment lang an seinen stiefelgefüllten, röhrigen Hosenbeinen haften bleibt.

„Haben Sie ihr ganzes Reisegepäck in dem Sack?"

Das neugierige Luder bringt ihn ohne Unterbrechung in Verlegenheit.

„Nein, mein Koffer wird nachtransportiert" und deutet hinter sich.

„Ah, sie kommen aus Belzig?"

Muss wohl so sein, obwohl er nicht die geringste Ahnung hat, wo Belzig liegt. Er nickt mit dem Kopf.

„Gehen Sie dem Dorfbüttel aus dem Weg, der ist Abschnittsbevollmächtigter der VOPO in Golzow, ein Altparteigenosse, die alleinherrschende Polizeigewalt, der kann unangenehm werden."

Wie kam diese überaus hübsche, junge Frau mit den wilden rötlichblonden Haaren dazu, ihn zu warnen. Was hat sie an ihm bemerkt?

„Danke für den Tipp, aber ich habe nichts zu verbergen", erwidert er unangemessen forsch, und die junge

Frau lächelt wiederum und wiegt dabei den Kopf kaum merklich ein wenig von links nach rechts.

Werner Kost ist nicht mehr der Jüngste, leicht gebeugt in einer verschlissenen Strickjacke steht er in der Tür und mustert den jungen Mann ohne erkennbare Überraschung.
„Mein Name ist Jan van Boese."
„Treten sie ein."
Jan ist überrascht mit welcher Selbstverständlichkeit er von diesem grauhaarigen Mann aufgenommen wird.

„Bruno hat mich vor einer halben Stunde informiert. Er hat drei Tage Urlaub. Diese Zeit müssen wir nutzen, nach Westberlin zu kommen", sagt Kost ohne Übergang.
„Solange können sie Brunos Papiere benutzen, dem sie tatsächlich verdammt ähnlich sehen. Nur einem seiner Kameraden dürfen sie mit diesen Papieren nicht über den Weg laufen."
„Wir?"
Jan versteht nicht. Die Dinge, in die er hineingeraten ist, überschlagen sich und überfordern sein gegenwärtiges Fassungsvermögen. Wie kann er diesen verwirrenden Umständen gerecht werden, sich den gänzlich veränderten Bedingungen anpassen, sich schnellstmöglich auf die Höhe des Zeitgeschehens bringen, um an der Steuerung des nächsten Tuns teilzuhaben und nicht als Figur auf einem Schachbrett hin und her geschoben zu werden. Alles ist so fremd, so weit weg von dem, was ihn bisher begleitet hat. Andere Gerüche, Geräusche, die er aufnimmt, die ihn beeinflussen, immer beeinflusst haben, in einem fremden Land, wenn er aus dem Flugzeug steigt und zuerst das Fremde riecht, das tief in ihn eindringt. Dann erst realisiert

er das Land, auf dessen Boden er am Fuße der Gangway steht. Und hier, ausgesperrt, eingesperrt in ein nahes und doch so fernes Land, unbegreiflich in der so kurzen Zeit, die ihm gegeben ist.

„Haben Sie die Uniform?"

„Ja!"

„Klug, denn die können wir gut gebrauchen."

„Wir?"

„Und den Revolver?"

„Auch!"

„Ausgezeichnet!"

„Haben Sie hier im Ort mit jemandem gesprochen, hat Sie jemand gesehen?"

„Eine junge Frau an der Kirche!"

„Mist! Das war sicher die dralle Marie, die ist zwar eine Nette, kann aber mangels Abwechslung nichts für sich behalten. Sie hatte früher eine Führungsposition in der FDJ, sich dann aber etwas zuschulden kommen lassen und wurde zur Arbeit hierher in die LPG abgestellt."

Alles ging jetzt Schlag auf Schlag, und Jan ertappt sich dabei, das offensichtlich minutiös vorbereitete ‚Spiel', dessen Umrisse allmählich deutlich werden, mangels Alternativen ansatzlos, ja geradezu fraglos mitzuspielen.

„Arbeitet sie dort, wo auch der Traktorfahrer Adolf tätig ist?"

„Warum?

Kennen sie den auch?"

„Ich hab ihn auf dem Weg von der Transitautobahn nach hier getroffen."

„Und?"

„Mir fiel nichts Besseres ein als mich für einen Ornithologen auszugeben."

„Gott, oh Gott, es hat nur den einen Vorteil, dass Adolf ein überaus schweigsamer Mann ist und meist nicht über Dinge spricht, die ihn nichts angehen. Hatte früher einen eigenen Hof, der vom Staat in die LPG Golzow zwangsintegriert wurde. Seit damals redet er kaum noch und schon gar nicht über Angelegenheiten, die unseren Gesetzgebern zukämen.

Fassen wir für Sie verständlich zusammen:

Bruno Alexander Dietzens Vater, Professor Doktor Carl Walther Dietz und ich, haben uns im Krieg kennengelernt und sind so etwas wie Freunde in der Not geworden. Ich war nach kriegsbedingt abgebrochenem Medizinstudium Sanitäter und habe Professor Dietz assistiert. Im Laufe des Krieges wurde ich unter den gegebenen Umständen überzeugter Kommunist, im festen Glauben, dass in dieser politischen Idee das Ideal der Zukunft liege. Nicht der stalinistische Bolschewismus, sondern in der Umsetzung der Lehren von Marx und Engels.

Wir hatten das Glück, mit Hilfe eines tschechischen Patienten, einem Mitglied der Miliz namens Pschiski, den der Professor erfolgreich behandelt hatte, bei der Übernahme von Prag durch die Aufständischen und nachrückenden Russen nicht liquidiert zu werden. Man akzeptierte uns als kommunistische Genossen und wir arbeiteten weiter im Lazarett, allerdings behandelten wir nur noch Russen und Tschechen. Die deutschen Verwundeten wurden abtransportiert, wohin weiß ich nicht, wahrscheinlich in russische Gefangenenlager, wo sie verreckt sind. Dietz hatte sich vehement gegen den Abtransport gewehrt, jedoch erfolglos.

Verkürzt berichtet wurden Prof. Dietz und ich später nach Moskau transportiert und in einem dortigen Krankenhaus eingesetzt. Wir erhielten zusammen mit anderen zum Kommunismus konvertierten Deutschen politischen Unterricht zum Einsatz in Deutschland nach dem Krieg, was dann auch ab 1948 unter Walter Ulbricht geschah. Bald erkannte ich, dass das, was da aufgebaut wurde nichts mit meinen Idealen zu tun hatte, und ich setzte mich durch unachtsame Kritik bei den falschen Leuten in die Nesseln. Kein weiteres Studium, Arbeitslager und anschließend Verbannung aufs Land, siehe heute als Leiter des lächerlichen Handels-Organisations-Ladens, kurz HO-Laden genannt, dort über der Straße.

Den Kontakt zum Professor verlor ich nicht. Vor einem Jahr stand Junior Bruno Alexander Dietz, den ich immer wieder bei Charlotte Dietz, der Frau meines Freundes traf, in der strammen Uniform eines Oberleutnants der NVA vor meinem Laden, und alles was ich in meiner zunehmenden Resignation verloren glaubte, kam mit ihm wieder zurück.

Ich erschrak zuerst, aber das Lächeln des jungen Mannes, das mich so intensiv an seinen Vater erinnerte und seine Hand, die er freundschaftlich auf meine Schulter legte, nahm mir meine spontane Angst vor neuen Repressalien dieses Willkürstaates, der zwischenzeitlich annähernd nahtlos die Mehrzahl der Einschüchterungspraktiken des NS-Regimes übernommen hatte.

Sie, Jan van Boese, werden uns gezwungenermaßen helfen, in den Westen zu kommen. Mir und Frau Charlotte Dietz."

„Nun mal ganz langsam! Wie komme ich dazu, an Ihrem Unternehmen teilzunehmen, insofern es doch für mich, einem Bürger der Bundesrepublik Deutschland, einige andere Möglichkeiten gibt in den Westen zurückzukommen, bevor ich mich auf das Abenteuer einer für mich unkalkulierbaren Flucht zusammen mit DDR-Bürgern einlasse. Die BRD hat doch eine Ständige Vertretung in Ostberlin. Da ruf ich an und man wird mir helfen, zumal sich die Kopien meiner Papiere in meiner Beintasche befinden ".

„Beintasche?"

„Ja, Beintasche, hier an der Wade im Stiefel."

„Kannst Du vergessen!"

Kost duzt ihn unvermittelt, was Jan nicht recht ist. Er hasst plumpe Vertraulichkeiten, denn für ihn gilt ein ‚Du' als Ausdruck von echter Freundschaft. In dieser Situation nimmt er jedoch diese Ansprache hin, weil dahinter keine Respektlosigkeit zu erkennen ist, vielmehr Aufregung und der Wille, die ohnehin komplizierte Kooperation unter fremden Menschen zu vereinfachen. Jan bleibt beim Sie, aber er nimmt sich heraus, den ‚Herr' vor dem Namen Kost wegzulassen.

„Alle Gespräche werden abgehört und dann haben sie Dich und damit auch uns gleich am Wickel."

„Aber ich habe doch nichts Unrechtes getan?"

„Das ist denen zunächst völlig egal, das kannst Du mir glauben."

„Fluchthilfe wird als Erstes unterstellt, und bis geklärt ist was wirklich war, kann für Dich eine unangenehm lange Zeit vergehen, zum Beispiel durch Einsitzen in dem beschissenen Stasi-Gefängnis Berlin-Hohenschönhausen oder in der Justizvollzugsanstalt Bautzen."

„Ich gehe einfach persönlich hin, die können mich nicht abweisen mit den Kopien meiner Papiere."

„Du kommst gar nicht bis an die Türe, glaub mir, das ist kein gangbarer Weg."

„Du gehst mit uns, Bruno hat alles bis ins Kleinste vorbereitet, mit Informationen, die er über die Stasi hat."

Jan muss kräftig durchatmen, dann fragt er wie man sich denn dieses Unternehmen vorstelle?

„Details später!"

Vor dem Sturm

Werner Kost erzählt:

„Bruno hat sich zur Grenztruppe versetzen lassen, aus Überzeugung, unseren Staat gegen den Feind von Außen schützen zu müssen, bis er begriff, dass es dort draußen gar keinen Feind gibt, der die DDR unmittelbar bedroht, sondern die Grenzschützer ausschließlich dafür zu sorgen haben, dass keiner unserer Bürger das Land, das zum Ghetto geworden ist, verlässt, ja im Zweifelsfall diese sogenannten Republikflüchtlinge sogar mit der Schusswaffe daran hindern soll.

Bruno glaubte außerdem, als er seinen Fluchtplan konkretisierte, von einem kurz bevorstehenden Sondereinsatz im Ausland zu wissen, wahrscheinlich in der Tschechoslowakei, wo offensichtlich die Regierungsspitze um Dubcek an unerwünschten separaten Freiheiten arbeite, die dem großen Bruder Sowjetunion suspekt sind. Da wollte er unter keinen Umständen mitmachen. Spätestens von diesem Zeitpunkt an galt sein einziger Gedanke, diesem Großgefängnis unserer Republik so schnell wie möglich zu entfliehen, und er präzisierte den bereits vorgedachten Plan, der jedoch nur mit Hilfe des alten Kost und einem ‚Opfer' verwirklicht werden konnte. Um Auffälligkeiten in die falsche Richtung zu vermeiden, spielte er weiterhin den Linientreuen, was ihm in einzelnen Fällen sehr hart ankam."

Inzwischen neigt sich der Tag dem Abend zu. Sie sitzen in Kosts Wohnküche, die gleich hinter der Haustüre liegt und als Wohnraum schlechthin dient.

Ein alter Kohleherd, daneben Schränke und Regale mit allerlei Pfannen, Töpfen und Tellern, auf der Fensterseite ein großer Steingutschüttstein und in der Mitte des Raumes ein mächtiger, vernarbter Holztisch mit sechs groben Bauernstühlen vervollständigen die karge Einrichtung. Gegenüber der Türe hängt eine runde Uhr mit weißem Emaille-Zifferblatt, dessen blaue Zahlen von einem gleichfalls blauen Mäanderband umrahmt sind. Es ist bald sechs Uhr, und die Sonne hat sich vom Fenster weg nach Westen auf den Nachhauseweg gemacht.

Der Essensgeruch, der in den Mineralien der Küche haftet und den Raum lebbar macht, ist nicht unangenehm. Kost scheint ein guter Koch und Selbstversorger zu sein.

Jan überfällt plötzlich eine große Müdigkeit. Die ungeheure Anspannung entlädt sich in ein Sichhineingeben, wenn auch nur für den Moment eines ihn überwältigenden Gehenlassen.

Kost hat ihm ein Glas Weißwein hingestellt, dazu auf

einem Vesperbrett aufgeschnittenes Brot, Margarine und ein Stück ungarische Salami. Das Küchenmesser, das er dazu legt, ist rasiermesserscharf, was einmal mehr den engagierten Koch vermuten lässt.

Dann setzt Kost seinen Bericht fort:
„Damals gab es eine herrlich unbedeutende Szene, als Bruno mich, den alten Freund seines Vaters, besuchte, um das längst geplante Fluchtvorhaben zu konkretisieren, als der Duckmäuser, unser Abschnittsbevollmächtigter der VOPO, plötzlich vor der Türe stand und Bruno ihn ohne diesen zu Wort kommen zu lassen stramm stehen ließ und einen Rapport abverlangte. Grünbaum, so heißt dieser Kleingeist, war mehr als beeindruckt, und ich habe seit damals Ruhe vor dessen steten kleinen Schikanen."

„Bruno gelang es in einem weiteren Schritt, zur Grenzsicherung entlang der Transitstrecke Marienborn-Drewitz eingeteilt zu werden, da seine absolut parteikonforme Vergangenheit und entsprechende militärische Laufbahn dafür bürgten, die er spätestens, nachdem er den ersten Fluchtgedanken geboren hatte, mit besonderer Akribie weiterpflegte, ja sogar ausbaute. Zuletzt oblag ihm nicht nur hinter dem Zaun im Grenzland tätig zu sein, sondern direkt im Bereich der Transitautobahn im Verbund mit den Kontrollen der Volkspolizei und des Zolles. Im Terminus der Befehlshaber sollte er die Genossen der VOPO unterstützen durch frühzeitiges Erkennen potentieller Grenzverletzer, die sich eventuell auch in einem westdeutschen PKW verstecken könnten. Das war seine Ausgangsposition für die Durchführung seines äußerst spekulativen, riskanten und auch rücksichtslosen Fluchtplanes.

Er wollte in seiner breit ausgelegten Kontrollfunktion abwarten, bis ein ihm äußerlich ähnlicher westdeutscher PKW-Fahrer in seine Kontrolle geriet, der alleine, möglichst mit einem auffallenden kapitalistischen Wagen, unterwegs ist und so keine Fluchtaufmerksamkeit erregt. Bruno benötigte hierzu viel Geduld, bis ein solcher Umstand einträfe, bei dem alle Fakten stimmen würden, um dann jedoch ohne Zögern zu handeln."

„Zu was braucht er Sie, Werner Kost?"

„Ich solle mich um den Westdeutschen kümmern, vielleicht um Brunos Gewissen, mit seinem rücksichtslosen Handeln Dir gegenüber, einen humanen Tupfer zu geben und vor allem um seine Mutter, Charlotte Dietz, mit über die Grenze zu bringen. Sie kann nicht im Osten bleiben, man würde an ihr Sippenstrafe ausüben.

Dann erklärte mir Bruno den ganzen Plan seines, besser gesagt unseres, Grenzübertrittes und was ich zu tun hätte. Er übergab mir Zeichnungen mit Erläuterungen aller Details. Dazu genaueste Anweisungen mit exakten Zeitangaben, deren Umsetzung jetzt wohl unwiderruflich zur Realisierung anstehen.

Spekulativ blieb natürlich die Reaktion des beraubten BRD-Bürgers, der begreifen musste, dass es für ihn nur diesen einen Weg geben würde, um wieder zurück in die BRD zu kommen und der die Nerven hatte, das Unternehmen durchzustehen.

Nach der Uniformmitnahme und des Revolvers hast Du Brunos erste Spekulation bereits positiv erfüllt, wobei es nun darauf ankommt, daß Du das Weitere auch prästierst!"

„Stop, das ist wahrlich des Guten zu viel!"

Jan fühlt einen Schwindel, der sich vielleicht durch das zweite Glas Wein verstärkt, so dass er sich für einen Moment an der Tischkante festhalten muss.

„Kipp mir nicht vom Stuhl", meint Kost und hält ihn am Arm.

„Ich werde da nicht mitmachen! Ich will in jedem Falle versuchen, die ständige Vertretung der BRD telefonisch zu erreichen oder, wie schon gesagt, direkt hingehen. Die können vielleicht auch für euch etwas tun."

„Keine Chance. Ich habe es Dir schon gesagt, die Stasi überwacht und kontrolliert alles, vor allem beim Klassenfeind Nr. 1, der BRD, da gibt es keinerlei Lücken oder Schlupflöcher. Aufgespürt haben sie Dich ganz schnell und Du riskierst als Spion oder bestenfalls als Fluchthelfer in die Mühlen zu geraten, was mit mindestens fünf Jahren Z gehandelt wird.

Nein, ich glaube Du solltest das bereits laufende ‚Spiel' mitspielen, weil es eine gute Vorbereitung gibt und der Erfolg, wenn auch mit einigem Risiko behaftet, mehr als fünfzig zu fünfzig steht!"

„Und mein Freund Dieter?"

„Vergessen! Alle Telefongespräche nach drüben werden abgehört."

Fluch der Pflicht

Eine Schranke zwingt Bruno Alexander Dietz auf Höhe eines der Grenzerhäuschen anzuhalten, exakt gegenüber dem geöffneten Fenster, hinter dem ein uniformierter Zöllner ihn auf kurze Distanz durchs Seitenfenster des Wagens anblickt.

„Papiere!"

Der Kerl war einer der unangenehmen weißblonden Jungs von der Küste, der ihn nun aus fast wimpernlosen Fischaugen mustert.

„Nehmen Sie die Brille ab!"

Er hatte diese kurz vor Erreichen der Grenze aufgesetzt, obwohl er damit nur ganz verschwommen sehen kann. Dieser Grenzer würde im Normalfall vor ihm stramm stehen, und jetzt versetzt ihn dessen niedere Rang in einen fast panischen Zustand.

Der ‚ausgeliehene' Pass verschwindet hinter dem Beamten in einem Art Rohrpostfach mit der Bemerkung:

„Den bekommen Sie bei der Übergangsstelle dort drüben zurück, wenn alles in Ordnung ist. Jetzt fahren sie Ihren Wagen nach der Schranke rechts ran und steigen aus."

Verdammt, hatte das Fischauge etwas bemerkt?

„Nehmen sie ihr Gepäck und zwar alles was sie dabei haben und gehen zur Gepäckkontrolle!"

Eine großartige Bezeichnung für die Baracke, die er zwar kennt, jetzt jedoch mit fast angehaltenem Atem betritt. Drinnen stickig mit einer Geruchsmischung aus Holz, Farbe, Staub und Bohnerwachs. Ihm ist schlecht.

Es erwartet ihn ein niederer breiter Tresen und dahinter eine Rothaarige, deren Uniformmütze ganz oben auf dem feurig kleingelockten Haarberg kaum Halt findet.

Sie kennt ihn, den verkleideten Oberleutnant nicht, weil sie dem Bereich Drewitz/Dreilinden untersteht.

Sommersprossen, ein schmaler Mund und zwei kalte blaue Augen mit kleinen grünen Einsprenkelungen begegnen ihm. Da hatte er doch tatsächlich das außergewöhnliche Glück, zwei Beamten zu begegnen, die sicherlich den Schönheitswettbewerb der Grenzkompanie von rückwärts her gewonnen hätten.

„Öffnen Sie den Koffer!" Er bemerkte, dass das Wort ‚bitte' bei seiner Genossin offensichtlich nicht vorkommt, und es wird ihm in diesem Augenblick klar, dass er diese Höflichkeitsform während seines Dienstes auch kaum gebraucht hatte. Befehlen und gehorchen mit dem geringst möglichen Vokabular, ausschließlich den Sachvorgang betreffend.

Oh, mein Gott, hoffentlich ist der Koffer nicht abgeschlossen, dies hatte er bei aller Sorgfalt der Vorbereitungen nicht bedacht. Danke, Jan van Boese, die Schlösser klappen problemlos nach oben, und der sehr ordentlich gepackte Inhalt wird sichtbar.

Die Frau ist böse. Sie reisst die Kleider rücksichtslos aus deren Kofferordnung auf den groben Holztresen und reiht alle übrigen Gegenstände daneben auf. Sie schraubt die Zahnpastatube auf, riecht daran, gleichermaßen das Fläschchen Pitralon Classic After Shave Rasierwasser, dessen feinherber Duft dem Gläschen entströmt und für Sekunden den Hauch einer anderer Welt in den Raum lässt, in der nicht in allem und bei jedem nach Unzulässigem gesucht wird. Schwarze kurz geschnittene Unterhosen Marke Eminence, zwei weiße Hemden der Firma van Laak, Brisk in der Tube mit dem Werbespruch ‚Brisk frisiert das Haar', Blendax Zahncreme, Eau de Toilette Marke Tabac, weiße Socken und ein Etienne Aigner Toilettenbeutel mit

Rasierzeug und Fingernageletui. Bruno registriert alles und ist wütend ob der demonstrierten Grobheit.

„Entschuldigen Sie bitte, ich habe dies alles selbst sorgfältig gepackt und Sie schaffen hier eine perfekte Unordnung. Wenn Sie bitte meine Sachen wieder korrekt einräumen wollten."

Bruno sagt dies mit einem Lächeln, das charmant, westlich elegant wirken soll, jedoch nur eine kühle Reflektion erfährt, gepaart mit einem herablassenden Blick und der Anmerkung:

„Das machen Sie mal schön selbst."

Da Jan nur diesen feinen hellbraunen Lederkoffer dabei hatte, war die Kontrolle relativ schnell beendet, und es blieb Bruno in seiner Rolle als BRD-Reisender nun alles mehr oder weniger geschickt, in neuer wahlloser Ordnung, wieder einzuräumen.

„Kann ich gehen?"

„Sie können!"

Draußen bleibt er einen Moment stehen, um die angestaute Luft in seinen Lungen gegen eine frische Brise leichten Windes, der ihm wohltuend über das Gesicht streicht, auszutauschen.

„Der ganze Irrsinn der deutschen Trennung, die Willkür seines Staates, dem er so lange und mit so viel Überzeugung gedient hatte und dem er im eigenen Erleben gerade in aller Willkür ausgesetzt war, wird ihm einmal mehr deutlich.

Das Fischauge deutet aus seinem Kabüffchen wortlos in Richtung eines weiteren Zollhauses, etwa fünfzig Meter weiter nördlich. Diese beiden Kontrollstellen sind mit einem flachen niederen Blechkanal auf dünnen Metallstelzen verbunden, von dem er weiß, dass sich darin ein

Transportband befindet, das Pässe und sonstige Unterlagen von der Zollkontrollstelle eins zu zwei befördert.

„Nicht denken, handeln, ich bin jetzt fast durch."

Er fährt die wenigen Meter dilettantisch ruckartig und blickt in die Augen von Kruse, einem Grenzbeamten, dem er früher schon einmal begegnet ist. Eisiges Blut scheint sich jetzt in seinen Adern breit zu machen. Schnell setzt er die blindmachende Brille wieder auf und macht sich, seitlich abgebeugt, hilfesuchend am Schloss des Handschuhfaches zu schaffen, als würde er etwas suchen und das Schloss nicht aufbringen. Der Grenzer hatte ihn damals nur in seiner Uniform mit Offiziersmütze gesehen und würde ihn, den verkleideten BRD-Bürger, hoffentlich nicht mit jenem Vorgesetzten in Verbindung bringen.

„Suchen Sie ihren Pass? Den hab ich hier, und wenn Sie wollen können sie ihn jetzt wieder haben!"

Der Mann bemerkt sehr wohl die Aufregung des elegant wirkenden Porschefahrers und genießt dessen sichtbare Ängstlichkeit mit unverholenem Genuß.

„Haben Sie etwas anzumelden?"

Dann schaut er sichtbar überrascht in Brunos Gesicht und schüttelt den Kopf, wobei die von ihm eigentlich aus lauter Freude an der Schikane gestellte Frage offensichtlich in Vergessenheit gerät, zumal alles bereits mehr als erforderlich kontrolliert ist.

„Mann, diese Ähnlichkeit!"

„Was meinen Sie mit Ähnlichkeit?"

Noch immer starrt er in den Pass, den er in Händen hält und schüttelt den Kopf.

„Sie kommen aus Freiburg, so, aha. Unglaublich, Sie sehen einem unserer Grenzoffiziere verdammt ähnlich, das gibt es doch nicht!"

Wieder schüttelt er den Kopf und starrt in den Pass und dann in Brunos Gesicht.

Bruno weiß, jetzt ist der Moment zu handeln oder er geht unter.

„Ich hatte einen Englischlehrer, einen Amerikaner, der erklärte mir einmal er sei überrascht, dass sich die Schüler im fernen Amerika von denen in Deutschland kaum unterscheiden würden und sich dies vor allen Dingen und ganz besonders bei mir feststellen ließe."

Dialoge zwischen den Grenzern und den Durchreisenden waren höchst ungewöhnlich, aber Kruse war die Ausnahme der Regel.

„Ein Amerikaner?"

„Ja ein Amerikaner, der ein Praktikum an deutschen Schulen absolvierte."

Die Geschichte war echt, nur handelte es sich um einen russischen Pädagogen in seiner Berliner Gymnasialzeit. Kruse war ein selbstgefälliger Mann, der in der Regel jede Art außergewöhnlicher Anstrengung vermied, wenn es denn ging. Außerdem verliefen seine Gedankengänge immer schrittweise, gerade aus, quasi hintereinander und hatten keine Seitenfächer, die alternative Wege öffnen ließen.

Man sah ihm an, dass in seinem Kopf Einiges vorging, es ihn aber wohl überforderte, daraus einen schnellen Schluss zu ziehen.

„Was es alles gibt", sagt er und reicht Bruno den Pass durchs Autofenster zurück, immer noch den Kopf hin und her bewegend.

„Na denn gute Fahrt und lassen Sie sich nicht zu oft verwechseln."

Er lacht über seinen vermeintlich passenden Scherz und kratzt sich den Hals am Uniformkragen.

Dann nimmt er sich den weißen Mercedes vor, der schon etwas ungeduldig dicht aufgefahren war.

Die letzte Schranke vor der Freiheit öffnet sich. Bruno Alexander Dietz fährt ganz langsam, jetzt ohne die Kupplung zu quälen, in einem Zustand der Erschöpfung die Zickzackspur zwischen den noch immer drohenden Sperrbarrieren hindurch und wäre um ein Haar, ohne anzuhalten am Westberliner Zöllner vorbeigefahren, wenn dieser nicht mit der Hand ein Zeichen gegeben hätte.

„Was haben die da drüben so lange mit Ihnen herumdiskutiert?"

„Ich denke, mein schönes Auto hat sie provoziert, obwohl ich es erst vor Kurzem für verhältnismäßig wenig Geld gebraucht erworben habe."

Mann, was erfand er spontan für Geschichten!

Der grün uniformierte Grenzer wirft einen kurzen Blick in seinen Pass und bedeutet ihm dann freundlich, seine Fahrt fortzusetzen. Bruno reißt die Blindschleichenbrille von der Nase und spürt, dass sich in seinem Magen die aufgestaute Anspannung löst und einem sich schnell entwickelten Brechreiz Raum gibt. Rechts eine Parkbucht – ich bin durch, im Westen – ich fasse es nicht, und dann erbricht er sich in das Grün des bepflanzten Trennstreifens zwischen Straße und Parkraum.

Ein älteres Ehepaar, wenige Schritte von ihm entfernt, das neben ihrem Fahrzeug gerade ihr Vesperbrot verspeist, unterbrechen den Kauvorgang im Duo mit leicht geöffnetem Mund, so dass die halbzerkaute Brotpampe ob dieses Kotzereignisses sichtbar wird, um sich dann aber schnell und kopfschüttelnd abzuwenden. Jetzt kauen sie wieder, blicken jedoch in eine andere Richtung. Bruno spuckt – nimmt das Einstecktuch aus der kleinen oberen Jackentasche und wischt sich sorgfältig den Mund und wirft es weg. Dann fährt er weiter, zurück auf die Auto-bahn gen Norden in die eingeschlossene Freiheit von Westberlin.

Es schwindelt ihn nach dem Geschehen der letzten Stunden und das Wirkliche, was ihn hierher brachte, erscheint ihm plötzlich unwirklich.

Er befindet sich jetzt auf der Potsdamer-Allee und biegt unvermittelt in eine Seitenstraße mit dem Hinweisschild auf einen Friedhof. Er steigt aus dem Wagen, öffnet das rostbraun korrodierte Eisentor, hinter dem ihn eine stille Abgeschiedenheit empfängt, so als betrete er einen deckenlos leeren Raum. Kein Mensch, nur die Toten unter der Erde, geehrt mit auf Steinen und Kreuzen angebrachten oder eingelassenen Schriften, deren Zahlen von der Geburt bis zum Todestag ein ganzes Menschenleben beinhalten. Das Vergangene bewältigt, erlösend hinter sich gelassen, mit Blumen bedeckt, frisch oder verwelkt auf dem Bett des Todes, in vergänglicher Traurigkeit, verlassen, jedoch frei von den Lasten des Lebens, hinüber gegangen in die Ruhe des Nichts oder in die Unendlichkeit des Nichtwissens, des Hoffens auf eine andere bessere Seite.

Zwischen zwei neuen Gräbern ist ein freies Feld mit Rasen bedeckt. Dort legt er sich auf den Boden, das Gesicht ins Gras gedrückt. Er atmet zwischen den Toten das Leben, sein Leben, dem er jetzt eine so unwiderrufliche Wende gegeben hat, und ein Glücksgefühl durchzieht ihn wie eine innere Dusche aus allen Heilkräutern dieser Erde, die ihn wärmend durchströmt.

Dann richtet er sich auf die Knie und schreit:

„Ich bin frei, ich bin frei, ich bin frei!"
Die alte Frau, die soeben den Friedhof mit einem Blumenstrauß in der einen und einer grünen Grießkanne in der anderen Hand betreten will, dreht sich entsetzt um und läuft schnell wieder den kleinen Weg hinunter, weg von dem scheinbar Wahnsinnigen, der da zwischen den Gräbern liegt und so furchtbar schreit.

Mitten in diese ungebändigte Freude hinein durchzuckt ihn der eisige Blitz seiner Schuld.

Dieses Neue, das ich beschreie, habe ich mir durch eine nur schwer zu rechtfertigende Tat erschlichen.

Natürlich wusste er von Anfang an um das geplante Unrecht, das er einem Anderen zufügen würde, hatte alle Konsequenzen genau bedacht, in Kauf genommen, jedoch gleichzeitig beschlossen, das Unvertretbare wieder zum Guten zu richten, dies mit all seinen Kräften unabdinglich zu erzwingen, bevor er seiner noch unwirklichen Zukunft auch nur einen einzigen Schritt näher treten durfte.

Jan van Boeses Terminbuch in grüner Leder-Krokoimitation mit goldgeprägten Initialen rechts unten auf dem Einband, die Blätter mit Goldschnitt versehen, steckt noch immer ungeöffnet senkrecht zwischen Fahrer- und Beifahrersitz.

Vom 1. Januar beginnend bis zum heutigen Tag liest er Eintragungen von Besprechungsterminen, Baustellenbesuchen, Amtsangelegenheiten, Urlaubsauszeiten, Festivitäten, privaten Einladungen mit Namenslisten und Geburtstagen. Es handelte sich um eine Art Tagebuch, in dem alle Ereignisse sogar mit Uhrzeiten auf die halbe Stunde genau gewissenhaft aufgeführt sind oder zeitnah geschehen sollten, so auch am heutigen Tag – Dieter, Hampstaed-Straße 38, Zehlendorf, dazu eine kleine Straßenskizze – Kreuzung Onkel-Tom-Straße – Clay-Allee – Berliner Straße, zweite rechts Seehofstraße – rechter Winkel Hampstead. Die nächsten drei Tage waren schräg durchgestrichen und jeweils mit dem Wort ‚Berlin' markiert. Am vierten Tag ein Pfeil von oben nach unten mit dem Wort – ‚zurück'.

„Ein ordentlicher Mann", denkt Bruno.

Jener Dieter musste ein guter Freund sein, den van Boese schon lange kennt, denn am heutigen Besuchstag und an den nächsten Tagen waren Eintragungen, die auf frühere, ja ganz frühe Verbindungen schließen lassen. – Grüße von Roland aus der Falkensteinstraße, Hof August 1946 – Reinle Hans von der Hildastraße weggezogen, seine Geschichtsbücher hat er mir überlassen – Treibballspiel im Januar 1946, der Mann, der uns den einzigen Ball wegnahm – Sperrstunde, unsere Mütter – die Franzosen, die uns wegen eines flüchtigen SS-Führers in der Wohnung festhielten – ‚La Luna', unser erster Film in der Harmonie, staunen über eine unbekannte Welt, feenhaften Frauen und Herren im Frack ... Jan van Boese wollte wohl mit Dieter nach langer Zeit der räumlichen Distanz über die gemeinsame Vergangenheit sprechen und hatte sich hierzu Stichworte aufgeschrieben.

Langsam fährt Bruno der von Bäumen gesäumten Straße entlang, vorbei an gepflegten, mehrgeschossigen Häusern, manche ganz neu gebaut, und er begreift am sichtbaren

Beispiel die Rückständigkeit des Teiles von Deutschland, aus dem er kommt, indem jedwede helle Farbe an den Häusern fehlt, geschweige denn ein freches Bunt einen munteren Akzent setzt. Hier, zumindest in diesem Teil Berlins, gab es auch keine Trümmer, keine ausgebrannten hohlen Fassaden, die verzweifelt, ihrer Funktion beraubt in den Himmel starrten. Weiter in die Innenstadt hinein würde es sicher anders aussehen, denn er kannte die Bilder der Zerstörung der Stadtzentren hüben wie drüben. Jetzt aber genoss er diese Unversehrtheit und zählte die Hausnummern bis er die Nr. 38 an einem dreistöckigen Neubau erblickt.

Beton, hell gestrichen. An den Balkonbrüstungen Blumenkästen. Auffallend neben den roten und pinkfarbenen Geranien, ganz oben im dritten Stock, eine Flut weißer Margeriten, die in ihrer Üppigkeit über der gesamten Länge des Balkons herausragen und den Ein-druck erwecken, als würden sie gerne die Brüstungen überschreiten und das ganze Haus mit ihrem blühenden Weiß bedecken. Auf dem Klingeltableau Dieter ausfindig zu machen, da er dessen Nachname nicht kennt, ist nicht schwierig. Es war eindeutig die oberste Klingel, auf der D. Kramer steht und dies mit Sicherheit die Wohnung des Freundes und Liebhabers von Margeriten ist. Bei den anderen fünf Namen gab es keinen Vornamen, der mit D. beginnt. Also Mut gefasst.

Er klingelt. Der elektrische Türöffner surrt, und er tritt in die Kühle einer marmorverkleideten Treppenvorhalle. Mit zunehmend schwerer werdenden Schritten erklimmt er den dritten Stock.

Oben am Geländer des letzten Podestes empfängt ihn ein großgewachsener, breitschultriger, schlanker Mann mit einer wilden Haarlocke, die ihm S-förmig in die Stirn fällt und ihn erstaunt anblickt.

„Jans Wagen, draußen auf der Straße? Wo ist Jan? Wer sind Sie? Ist etwas passiert ?"

Dieters grünbraungesprenkelte Augen wandern unruhig über Brunos Gesicht, der etwas außer Atem auf der vorletzten Stufe stehen bleibt.

„Ich habe mir auf der Transitautobahn von Marienborn nach Drewitz rechtswidrig den Wagen und die Papiere ihres Freundes angeeignet und bin damit über die Grenze geflüchtet. Mein Name ist Bruno Alexander Dietz und ich bin Oberleutnant der DDR-Grenzschutztruppe."

Dieter reißt die Augen auf, macht einen merkwürdigen Hüpfer von einem Bein auf das andere und ruft ganz laut ins Treppenhaus:

„Entzückend!" Dann folgen ein paar kleine Tanzschritte und er fügt in einem singenden Ton hinzu:

„Tscha-tscha-tscha !"

Tagtraum

„Heute können wir nichts mehr unternehmen, das wäre für Ihren nach außen bereits wahrgenommenen Besuch bei einem alten HO-Fritzen zu auffällig, außerdem muss ich mit Ihnen alles, was ich mit Bruno in dieser Sache vorbereitet habe, im Einzelnen besprechen."

„Gehen wir davon aus, dass es Bruno nach drüben geschafft hat, was ich eigentlich mit ziemlicher Sicherheit annehme, dann wird er seine Bemühungen, uns hier unbeschadet herauszubringen, sofort in Angriff nehmen, das kann ich Ihnen absolut versichern, weil ich seine Zuverlässigkeit kenne und weiß, mit was für einem schlechten Gefühl er seinen Plan gezimmert hat. Zunächst sollten Sie mir vertrauen, denn auch ich bin in meinen nächsten Handlungen entscheidend in die Fluchtoperation involviert und benötige dazu ihre Hilfe."

Kost sagt jetzt wieder Sie, vielleicht um die Ernsthaftigkeit des Unternehmens zu unterstreichen oder weil er gewohnt ist, bei offiziellen Angelegenheiten und dies, was kommen sollte, war mehr als offiziell, sein Gegenüber in der respektierlichen Höflichkeitsform anzusprechen.

„Ich erkläre Ihnen wie wir vorgehen werden, natürlich wie bereits erwähnt, mit einem nicht unerheblichen Risiko behaftet, wobei Sie und die Uniform eine bedeutende Rolle spielen könnten, alleine um unser erstes Etappenziel in Ostberlin zu erreichen. Nervenbehalten ist dabei das oberste Gebot."

Es ist Abend geworden. Die Sonne steht tief im Westen, und die letzten Strahlen reflektieren in kleinen Glitzerpunkten, die mit Quarzsand durchsetzte unbefestigte Dorfstraße. Kost ist nochmals in den Keller gestiegen, um den irdenen Krug mit Wein zu füllen. Sie sitzen sich gegenüber und schweigen in innerer Anspannung des zu Erwartenden, des Unvermeidlichen, in das sich Jan nach fieberhaften Überlegungen, in der Kürze der ihm zur

Verfügung stehenden Zeit, mangels gangbarer Alternativen widerstrebend und letztlich resignierend, zu fügen beginnt.

„Wie ist es denn bei Euch im Westen? Wir haben hier auf dem Land kaum Informationen, da das Hören oder Sehen von Westsendern bei Strafe strengstens untersagt ist. Die beobachten die Ausrichtung unserer Fernsehantennen auf dem Dach. Manche haben sich einen Mechanismus eingebaut, so dass sie im Dunklen die Antenne auf Westempfang drehen können, aber wehe, wenn sie erwischt werden."

„Uns geht es jetzt in den Sechzigerjahren gut, mit und ohne den Westalliierten. Wir haben eine funktionierende Demokratie, einen absolut wirksamen Wiederaufbau, der nur so boomt, keine Nahrungsprobleme, können öffentlich sagen was wir wollen, haben eine durchaus freie Presse und die Möglichkeit, uns jederzeit über alles zu informieren, auch in was für einer beschissenen Situation ihr Euch in der DDR mit Eurem weltfremden Kommunismus befindet, gleich den anderen sogenannten Ostblockländern, Euren Brüdern. Wenn man im DDR-Fernsehen zum Beispiel dem Hetzredner und Dauerlügner Schindler auf dem schwarzen Kanal zuhört, kann es einem nur schlecht werden.

Fast jeder im Westen hat Arbeit und verdient auskömmlich, kann sich ein Motorrad oder gar ein Auto kaufen, manche bauen bereits eigene Einfamilienwohnhäuser, gerade auch diejenigen, welche aus den ehemaligen deutschen Ostgebieten, aus Schlesien oder dem Banat kommen, werden finanziell besonders subventioniert. Alle bei uns im Westen, so auch ich, die im Krieg und der ersten Nachkriegszeit quasi in der Jugend in Nazi-Deutschland eingesperrt waren, können jetzt reisen wohin wir wollen, zumindest in die Westländer Frankreich, Schweiz, Italien, Spanien, Griechenland, wo immer es sie hinzieht. Hinter den von uns als ‚Eisernen Vorhang' bezeichneten Teil Europas, zu den Warschauer Paktländer, Euren sogenannten Brüdern im Kommunismus, will sowieso keiner, weil es dort sicher so ähnlich armselig aussieht wie in der DDR."

Kost schweigt. Nach einigen Minuten findet er die Sprache wieder und erklärt:

„Deswegen will ich ja rübermachen", platzt es aus ihm heraus. „Ich gehe mit Dir den Weg, den ich mit Bruno vorbereitet habe." Er sagt jetzt wieder ganz entschieden Du und umfasst Jans Hand mit seinen beiden Händen. Dann sagt er:

„Es ist wahrlich hier nicht alles schlecht in der DDR. Man sorgt für Arbeit, hat eine ganz gute Krankenversorgung und man kümmert sich um die Kinder. Doch gerade Letzteres ist fatal auf eine linientreue Erziehung ausgerichtet. Lauter kleine Hurraschreier, die das Parteigebetsbuch hochhalten und möglichst keine eigenen Ideen entwickeln sollen. Haben wir doch alle schon gehabt bei den kleinen schwarzen Pimpfen und der Hitlerjugend. Das Schlimmste hier ist jedoch das Eingesperrtsein, hinter Stacheldraht und von schießwütigen zweihundertprozentigen Grenzern bewacht. Das hält man einfach auf Dauer nicht aus."

Die Türe unmittelbar zur Straße öffnet sich und eine junge Frau tritt, ohne anzuklopfen, lächelnd über die Schwelle.

„Aha, der Orni mit dem komischen Sack."

„Gib mir einen Wein und lass mich an Eurem Plausch teilhaben."

Sie setzt sich breitbeinig auf den lehnenlosen Hocker am Tischende und strahlt die beiden verdutzten Männer mit aufreizend wissendem Lächeln an, das wohl bedeuten soll: „Euch habe ich durchschaut, Ihr brütet etwas aus, aber nicht ohne mich."

Dann ohne Übergang:

„Dir habe ich den Westler sofort angesehen, drüben bei der Kirche. Ich habe einmal an der Transittankstelle Zisar gearbeitet und eure Gesichter studiert. Mir kannst Du nichts vormachen!" Auch sie duzt ihn kumpelhaft und stützt ihre runden Arme, die nur durch die Andeutung eines kleinen Ärmelchens ganz oben bedeckt sind, auf den Tisch, das Kinn in beide Hände gelegt. Zwischen den Ellenbogen erlaubt die weit aufgeknöpfte Bluse den Männern einen zwingenden Blick auf zwei satte Brustansätze, die vor allen Dingen bei Jan einen stark erotischen Impuls auslösen.

„Auch das noch", stöhnt er innerlich, „kann mich nicht jetzt ein Pferd treten und ich wache aus diesem Tagtraum auf, liege am Dreisamufer im Gras, und die Sonne, die hinter den Türmen der Johanniskirche wieder hervortritt, weckt mich.

Nein Fehlanzeige, ich bin in Golzow, bei Werner Kost zusammen mit einer vollerblühten, mit allen Reizen ausgestatteten jungen Frau, die sich als Marie und zeitweiligem ‚Putzlumpen' von Kosts Haus offenbart", und ergänzend vermerkt:

„Sonst würde dieser alte Einsiedler eines Tages in seinem eigenen Dreck ersticken."

Kost schreckt auf und deutet zum Fenster.

„Verflucht, da kommt der Grünbaum, unser ABV, die Straße rauf. Der hat sicher irgendwoher einen Wink bekommen und will nachsehen, welcher Fremde mich besucht. Vielleicht hat Adolph doch geschwätzt, oder Du Maria?"

„Hältst du mich für blöde, diesem Spitzel auch nur ein einziges Wort zu geben."

Kost packt Jan am Arm und deutet zur Treppe: „Schnell nimm den Sack, geh hoch und zieh die Uniform an. Du bist ein Kamerad von Dietz und wolltest dich am Urlaubswochenende hier mit ihm treffen, aber dessen Mutter ist erkrankt, so dass er nach Berlin fahren musste. Frag ihn nach seinem Namen und ob er Jude sei, dann haut er bestimmt gleich wieder ab, schnell!"

Jan hastet die Treppe zum Dachgeschoss hinauf, reißt die nächstbeste Zimmertüre auf und sich selbst die Kleider vom Leib. Zum Glück sind die Stiefel von Bruno so groß, dass er sie leicht von den Füßen bekommt. Oh Gott, eine Breecheshose mit seitlicher Schnürung an den Unterschenkeln. Die Schnüre bleiben offen, man sieht sie unter den Stiefeln ohnehin nicht. Hosenträger, ein graues Hemd, die Krawatte vernachlässigt er. Dann die Uniformjacke, Koppel, Revolvertasche, leer. Er weiß im Moment nicht, wo der Revolver geblieben ist, wahrscheinlich hat ihn Kost weggeräumt.

Ihm ist mulmig zumute.

Von unten ruft es:

„Oberleutnant – unser Abschnittsbevollmächtigter will Dir guten Tag sagen."

Jans Herz klopft ihm bis unter das Kinn, als er bewusst langsam die Holztreppe hinuntersteigt und von den Stiefelspitzen beginnend nach oben bis zum lässig geöffneten Uniformkragen ins Blickfeld des Polizisten gerät.

Der Hauptwachtmeister steht stramm und grüßt militärisch korrekt.

„Freue mich, Herrn Oberleutnant kennenzulernen."

Jan grüßt zurück, indem er den Gruß des Hauptwachtmeisters nachahmt.

„Ihr Name?"

„Grünbaum, zu Befehl!"

„Sind sie Jude?"

„Nein. Verdammt nein, entschuldigen Sie die Ausdrucksweise, aber mein verdammter Name bringt mich des Öfteren in die gleiche Verlegenheit, für einen Juden gehalten zu werden", dann haspelt er eine wohl immer wieder abgespulte Erklärung der Entstehung seines Namens herunter:

„Meine Altvorderen hatten vor langer Zeit einen Bauernhof drüben bei Borkheide, vor dem eine riesige Linde stand, was mir auf Nachfrage das Grundbuchamt bestätigte, als man im Dritten Reich meinen Ariernachweis forderte. Meine Großeltern väterlicherseits konnten in diesem Zusammenhang außerdem glaubhaft nachweisen, dass deren Namen zwei Generationen zurück, von jenem fast immergrünen Baum herrührt. Das wurde dann amtlich bestätigt und ist so seit damals verbrieft. Nein, nein ich bin kein Jude."

Dann wechselt er schnell das Thema und sagt:

„Sie wollten sich jetzt am dienstfreien Wochenende mit Bruno treffen, habe ich gehört, schade, dass das nicht klappt, aber bei Herrn Kost werden Sie auch alleine ein verwöhnter Gast sein."

Er sagte ‚Herr' und der so ungewohnt Titulierte kann sich ein schelmisches Lächeln nicht verkneifen.

„Nichts für ungut, ich muss jetzt weiter, ich bin hier für den Distrikt zuständig und da gibt es in der Nähe der Transitautobahn so manches zu tun", und draußen ist er.

„Gut gemacht, und was mach ich jetzt mit dir, Marie?"

„Ihr wollt rüber machen und nehmt mich mit, klar, aber auf den Westler da, in einer NVA-Uniform kann ich mir keinen Reim machen? Was tut der hier, macht der auch rüber in sein eigenes Reich? Der muss doch Papiere haben?

Egal, ich bin auf jeden Fall dabei!"

„Du kannst nicht mit, das passt nicht, geht nicht, Du bist nicht eingeplant."

„Dann hol ich den Büttel wieder rein und sage, er soll sich einmal die Papiere von diesem Oberleutnant ansehen.

Würde ich natürlich nicht machen, könnte es aber tun! Nehmt mich mit, ich habe die Nase voll hier zu versauern. Ich will leben, frei sein und mir so einen feschen Westler anlachen wie den da", sagt sie und bricht tatsächlich in ein schallendes Gelächter aus, das ansteckend wirkt. Bei Kost reicht es jedoch nur zu einem säuerlichen Grinsen.

„Also gut Marie, Du bist nun mal informiert, so bleibt mir kaum etwas anderes übrig als Dich mitzunehmen, wobei mit einer weiteren Person auch das Risiko wächst."

„Morgen früh, Samstag zehn Uhr, gehst Du, nur mit einer kleinen Tasche wie zum Einkauf, auf der Landstraße in Richtung Ragösen, ich fahre einen kleinen Umweg als Täuschung, falls uns jemand beobachtet, dort sammeln wir Dich auf – verstanden und jetzt geh und mach Dein Testament mit der DDR. Halt, noch eines, nimm einen Trainingsanzug mit und Turnschuhe, wenn Du hast?"

„Ich hab noch den Strampelanzug von der FDJ und die alten Gummischlappen dazu."

„Heute nacht komm ich zum Fensterln", lacht und schwingt ein wenig mit den Hüften, als sie das Haus verlässt.

„Freches Weib, aber lieb und zum Anbeißen, aber nichts mehr für mich, bin zu alt, aber Dir gefällt sie sicher?"

„Ja, ich würde einer Versuchung kaum widerstehen. Sie hat, verdammt noch mal, eine direkte Ausstrahlung auf meinen Sexus, was mir auf den ersten Blick nicht so oft passiert – aber wir haben jetzt leider anderes zu bedenken."

„Amann, Amann wohin bist du geraten", denkt Jan und schüttelt sich innerlich, weil Amann sich zwar verkrochen hat, aber mit Marie als kleiner Teufel wieder lüstern um die Ecke blickt. Kost steht auf und holt ein verschnürtes Paket aus einer großen Suppenschüssel, die ganz unten hinter anderem Geschirr im Küchenschrank verwahrt ist und öffnet umständlich die Verschnürung. Es tritt ein olivfarbenes Funkgerät zu Tage. Sieht aus wie ein übergroßer Telefonhörer, aus dem er eine Antenne herauszieht.

„Ein amerikanisches Modell. Hat Bruno vor längerer Zeit einem BRD-Grenzer abgenommen, der aus Versehen auf DDR-Gelände geraten ist, als die Zäune noch nicht vollständig dicht waren. Die Batterien sind noch tauglich, ich habe sie immer wieder geprüft. Mit Hilfe dieses Gerätes werden wir auf kurze Distanz, fünf bis sechs Kilometer, von Ost- nach Westberlin mit Bruno kommunizieren können, vorausgesetzt, er schafft es, ein gleichartiges Gerät, eventuell mit Hilfe des BRD-Grenzschutzes oder der Westberliner Polizei, zu beschaffen. Bruno kennt als SSD-Mann einen Verbindungsweg nach Westberlin, auf den er uns mit dieser hier vor mir liegenden Planskizze führen will, einen Weg, den er alleine nicht benutzen konnte, da man in spezieller Weise auf Hilfe von der Westseite angewiesen ist. Einzelheiten dazu später.

Wir haben die Frequenz auf einem der möglichen Kanäle vereinbart."

„Genug für heute, ich denke wir sollten uns jetzt schlafen legen, denn ab morgen früh müssen wir hellwach sein, zumal unser Unternehmen jetzt auf vier Personen angewachsen ist."

„Ich dachte Brunos Mutter sei krank, kann sie überhaupt den von Euch vorgesehenen Fluchtweg gehen?"

„Kann sie! Ist erst fünfundfünfzig Jahre alt und nach überstandener schwerer Schilddrüsenerkrankung durchaus wieder körperlich leistungsfähig, muss jedoch täglich ein bestimmtes Medikament nehmen, sonst wird sie instabil. Ergo muss auch aus diesem Grund unsere Aktion möglichst kurzfristig ablaufen. Vielleicht ist es gar nicht schlecht, dass Maria nun dabei ist, sie kann sich um Frau Dietz kümmern, was uns den Rücken freier macht. Morgen früh schließe ich wie immer um acht Uhr den Laden auf und überlasse dann den Verkauf meiner Holzer Christine, die mich schon oft vertreten hat. Ich sag' ihr, ich müsste ins Zentrallager nach Berlin, es wären neue Zuteilungen gekommen und ich würde den Kamerad von Bruno mitnehmen, damit er seinen Freund bei dessen Mutter treffen könne. Ich käme vielleicht erst am Montag zurück, da ich bei dieser Gelegenheit noch Verwandte besuchen wolle, sie müsse dann die Vertretung nochmals übernehmen bis ich zurück bin.

Aus Dir mache ich einen perfekten Oberleutnant der Nationalen Volksarmee, Sondereinheit Grenzschutz, denn wir werden sicher während der Fahrt auf Kontrollen stoßen, denen der NVA-Offizier-Stasi-Kommissar den

Wind aus den Segeln nehmen muss. Hoffentlich findet keiner den Wagen von Bruno bis wir in Berlin untergetaucht sind. Wenn es doch geschieht, dann kann es heikel werden, weil sie sicher in direkter Folge das umliegende Gebiet durchkämmen und die Straßenkontrollen verstärken. Bete, dass das nicht passiert, ich selbst hab's verlernt, den Herrgott um etwas zu bitten.

Es schmerzt mich, dass ich all meine persönlichen Dinge, die ich ein halbes Leben lang zusammengetragen habe, hier lassen muss, aber was solls, in der Abwägung ist das der Preis für die Freiheit, die ich in meinen älteren Jahren noch einmal erleben möchte. Du kannst Dir meine Träume und Sehnsüchte nach einem Leben ohne Reglementierung, ohne Angst vor Denunziationen, wenn Dir über die Zustände in der DDR einmal unbedarft ein kritisches Wort herausrutscht, nicht vorstellen. Ich will nach Rom, Madrid, Paris, ans Mittelmeer, in der Sonne liegen und abends dessen Früchte essen."

Jan hört aufmerksam zu und erklärt, sogar für ihn selbst ein wenig überraschend:

„Ich kann Sie jetzt, wo ich das Gegebene mangels Alternativen wohl annehmen muss, verstehen und versuchen, meinen Teil beizutragen, damit sich Ihre Wünsche erfüllen mögen."

Widersinnigerweise empfindet Jan dies sogar schon ein ganz klein wenig als eine Pflicht, und es dämpft seinen Egoismus, alleine wieder in die vermeintlich heile Welt hinüber zu kommen. Sein Groll auf Bruno macht zu allem Überfluss sogar allmählich einem gewissen Verständnis Platz.

„Was seid Ihr nur für arme Schweine hier hinter dem Zaun! Nahtlos vom Nazi-Diktat ins Zwangslager der

Kommunisten mit Marionetten der Sowjets an der Regierung, die Knechtschaft mit Gefolgschaft umschreiben, und wieder eine Partei, die für sich in Anspruch nimmt, in allem Recht zu haben, wie es die NSDAP (National-Sozialistische Deutsche Arbeiterpartei) mit den fatalen Kriegsfolgen gerade eben getan hat. Das wird auch hier – à la longue – nicht gut gehen, siehe den Aufstand in Ostberlin 1952, in Ungarn 1956, wo nur die Panzer der Russen den Willen des Volkes brechen konnten. Der Mensch lässt sein ihm ureigenst angeborene Rechts- und Freiheitsempfinden niemals auf Dauer unterdrücken, er wird sich befreien, das hat uns rückblickend die Geschichte in vielen Beispielen gelehrt, und keiner der immer wieder auferstehenden Despoten hat daraus gelernt. Das gleiche Spiel beginnt von vorne und wird schlussendlich verloren, wenn es denn genug ist. So ergeht es auch den heutigen Kommunisten, allen Diktaturen, aber sie – Kost und andere ihrer Generation – wollen und können nicht darauf warten bis die Evolution der Befreiung alles wegfegt was ihr im Wege steht, weil ihnen die Zeit davonläuft, so zumindest verstehe ich sie."

Jan hatte sich nach dem Zweiten Weltkrieg mit dieser immer wiederkehrenden Problematik intensiv auseinandergesetzt und das Menschenmögliche und so auch das Menschenverachtende erkannt.

„Mann, war das aber ein Vortrag und Du glaubst daran?"

„Ganz sicher. Ich habe mich mit der Menschheitsgeschichte nach dem eigenen Erleben des Bombenterrors, dem Verlust meines Elternhauses, wenn auch als Kind und später als Gymnasiast intensivst beschäftigt und den Wiederholungseffekt im menschlichen Tun, in seinem

Unvermögen zu lernen, in allen Epochen der vergangenen Jahrhunderte wiedergefunden."

„Drüben werden wir weitersprechen, wenn es Gottes Wille ist und wir die Gelegenheit dazu finden. Ich hoffe, unser so widersprüchliches Zusammentreffen wird es ermöglichen."

„Ich wünsche es mir auch."

Kost sagt dies hoffnungsvoll, jedoch mit einem kleinen versteckten Zweifel in seiner Stimme.

„Jetzt aber genug theoretisiert!" Kost schüttelt den Kopf, als wolle er jedwede Illusion verscheuchen.

„Um sechs Uhr wecken, dann in aller Ruhe den ersten der entscheidenden Tage angehen. Wir haben nach dem morgigen Samstag noch den Sonntag und die Nacht auf Montag, dann muss alles gelaufen sein."

„Wenn sie Brunos Wagen erst am Sonntag finden, haben wir Glück gehabt, denn es braucht einige Zeit bis die Suchmaschine angelaufen ist!

Gott steh uns bei!

Jetzt hab ich ihn schon wieder angerufen, er wird's mir nachsehen, der ich zum Atheisten geworden bin, mich verstehen in seiner Güte, die man ihm unterstellt, von der ich jedoch in meinem Leben nicht viel zu spüren bekam.

Damit genug philosophiert – das war es dann für heute."

Der Kranführer mit dem rot geschwollenen Gesicht trägt die Uniform der VOPOS, aber die Mütze ist ihm zu klein, er zieht an und ich hänge am Haken. Jetzt bin ich in der Höhe seines Gesichtes und sehe sein böses Grinsen, dann schlage ich zu, mitten in diese aufgedunsene Fratze, die mich zutiefst erschreckt. Sein Kopf wird jetzt kleiner und kleiner, wie wenn ein Ballon rasend schnell die Luft verliert und dann platzt er.

Ich bin klein, ich trage einen kleinen Koffer in der linken Hand, die großen Häuser links und rechts der Straße stehen in Flammen. Alles ist in Rauch gehüllt, die Augen brennen. Lodernde Stücke fallen herunter, krachen neben mir auf die Straße, Funken sprühen, ich springe zur Seite, renne bis zum Ende der Straße hinüber in die Grünanlage und umarme meine Mutter. Ich bin klein, reiche ihr mit dem Gesicht bis zu ihrem Schoß, umklammere ihre Beine und rieche sie. Ich bin zu Hause und will nicht mehr weg, nie mehr.

Jans Hand schmerzt. Vielleicht hat er sie im Traum an der Marmorabdeckung des hohen Nachttisches angeschlagen, der neben dem Bett mit gedrechseltem Kopf und Fußteil steht. Ihm ist heiß unter der schweren Daunendecke.

Alles ist schwer und er will nicht zurückkommen, Mutter nicht verlassen, sie, die ihn beschützt, ihn vor allem Bösen bewahrt, doch der Tag erfasst ihn, beginnt in sein Bewusstsein einzudringen und er weiß, dass der Traum der Gegenwart weichen muss. Er verklingt wie ein Ton im Raum, auch wenn er noch Sekunden in seinem Denken haftet. Doch in Jans Erwachen bleibt deutlich haften, dass er im Traum das Böse geschlagen und besiegt hat.

Marie's Brüste

Ein grauer Tag nach ruheloser Nacht dringt durch die brüchig gewordenen Spitzengardinen des Dachfensters, doch die sommerliche Frische des Morgenwindes, der drunten auf der Straße ein wenig Staub aufwirbelt, bringt auch einen frischen Hauch in die Dachkammer und löst in Jan das immer gültige Empfinden aus, dem neu erwachenden Tag auch ein neues Leben abzuverlangen. Die Unschuld des Morgens projeziert wider alle Realität in ihm ein Gefühl, das Bevorstehende als Abenteuer zu verstehen, das er für eine gute Sache zu bestehen hat.

Wie oft stand er als Baulehrling während seiner praktischen Studienvorbereitung an der in die Ferne führenden Schwarzwaldstraße in Freiburg, dann, wenn er das Vesper für die Baukameraden einholen musste und hatte sehnsüchtig auf die fremden Autokennzeichen der vorbeifahrenden Fahrzeuge geblickt mit einem fast pathologisch gesteigerten Wunsch – nehmt mich mit, wohin auch immer, ich will in die Welt, ich will raus aus der Enge – und jetzt, heute, gab es einen ganz anderen Sprung in eine fremde Welt, weit weg von seinem damaligen Fernweh, beladen mit einem nur schwer zu vertretenden Funken Abenteuer, doch von ihm angenommen, riskiert, nicht mehr alternierend überdacht, nur – ich mache es.

Und schon wagt sich Amann ein klein wenig aus der Deckung und sagt:

„Du riskierst schon wieder eine gewagte Option."

Und Jan denkt:

„Halt Du die Schnauze, Du ewig im Hintergrund schlummernder Pessimist und Kritischdenker, werde ich

Dich niemals los?" Immer wenn er etwas über dem Limit wagte, hörte er diese innere mahnende Stimme, wobei er zugeben musste, dass diese meistens Recht behielt. In bestimmten Situationen hätte er sich manchmal jedoch gewünscht, alle Bedenken über Bord zu werfen, um den Dingen ungebremst freien Lauf zu lassen, aber nur selten war ihm dies gelungen und manches Erwachen mit bitterem Geschmack im Mund hat ihn einer selbstkritischen Bilanz überlassen.

Kosts Rasierapparat mit fühlbar oft gebrauchter Klinge schabt über seine Wangen und hinterlässt kleine Kratzer, wie einst bei seinem Vater nach dem Krieg beobachtet, als unter anderem auch Rasierklingen Mangelware waren und man diese fast unendlich viele Male wieder verwandte. Vater zog jeweils vor der Rasur die zweischneidige Klinge über die Innenhandfläche der linken Hand mit der Erklärung, er würde sie auf diese Weise schleifen. Dann legte er sie in den Rasierapparat und schloss das Deckelteil mit dem Schraubgewinde des Stils. Zurück blieben nach der Rasur durchaus glatte Wangen, jedoch stets mit kleinen blutigen Striemen garniert.

„Du musst als Oberleutnant gut aussehen, frisch, das beeindruckt immer!"

Jan denkt an das Trampen anfangs der Fünfzigerjahre, der neuen Art des Reisens per Anhalter, von Autofahrern mitgenommen zu werden. Mit José, dem Hünen, ging es nach Südfrankreich und José's Devise war, immer sauber aussehen und lächeln, dann wirst Du mitgenommen. Er hatte recht behalten.

Heute jedoch war alles anders, es würde etwas geschehen, was so, wie es sich jetzt darstellte, nicht umgangen werden konnte und nichts als eine gute Vorbereitung und einen bedingungslosen Durchsetzungswillen erforderte. Hier gab es nichts mehr abzuwägen, das hatte man gestern umfänglich getan und nun war im Vertrauen auf Brunos Planung nur noch ein erhebliches Quäntchen Glück erforderlich, das Ziel zu erreichen. Jan hatte sich mit dem für ihn als BRD-Bürger besonders unwägbaren Risiko zur Mitwirkung entschlossen, ohne die ihm sicherlich nicht in ganzer Umfänglichkeit voraussehbaren Konsequenzen abschätzen zu können.

Er war jung.

Nach einigen gravierenden Tiefgängen in seinem bisherigen Leben hatte er sich, von einem gefährlichen Nullpunkt ausgehend, mit aller Kraft wieder aufgerichtet und stark gemacht, zumindest empfand er es so, und das war jetzt eine gute Basis für die nächsten Tage, wobei ein Gelingen in unbekannten Dimensionen, für ihn auf des Messers Schneide stand.

Kost kommt vom Laden zurück.

„Du glänzt wie ein Kinderpopo, bravo, hast meinen Alaunstein reichlich benutzt. Jetzt rein in die Uniform, mit Hemd und Krawatte!

Du hast gestern unter anderem erzählt, Du hättest Dich während Deines Kriegserlebens und besonders danach mit dem Militärischen auseinandergesetzt, nun kannst Du, sollst Du einen Soldaten spielen, denn ein Oberleutnant gilt etwas im Grenzschutz der NVA. Rede nicht viel und sei streng, befehlsbetont, antworte, wenn es geht, nicht auf Fragen, stelle Gegenfragen, vor allem bei Untergebenen. Name, Aufgabe, Erfolgsquote und ähnliches. Wenn wir angehalten werden, sage ich dir die Dienstgrade der VOPO's, damit Du sie korrekt ansprechen kannst. Hier Brunos antiquierte Tokarev TT33, Kaliber 7,62 Parabellum

Halbautomatik, mit einem acht Schuss-Magazin und ein Reservemagazin vorne im aufgenähten Fach der Revolvertasche. Denkst Du, dass Du damit im Notfall umgehen kannst?"

„Ich habe auf dem Schießstand eines Schützenvereins schon halbautomatische Waffen geschossen, aber ich schieße nicht auf Menschen."

„Mann, Jan, bevor Dich einer erschießt, musst Du es zuerst tun, aber ich hoffe, dass wir nicht in eine derartige Situation kommen."

„In einem solchen Verteidigungsfalle werde ich schießen, das habe ich hunderte Male durchdacht und mir in Kriegsgeschehnissen vorgestellt, wenn mir oder meinen Lieben Ähnliches drohen würde wie den Juden geschehen ist, die sich noch immer guten Glaubens an die Deportationslügen der Nazis wie die Schafe zur Schlachtbank führen ließen. In einer solchen Situation würde ich mich mit allen mir zur Verfügung stehenden Mitteln wehren, auch auf Menschen schießen."

„Wir sind jetzt Deine Lieben, zumindest für die nächsten 48 Stunden, merke Dir das!"

Jan zieht den Revolverschlitten zurück und befördert so eine Patrone in den Lauf. Dann nimmt er das Magazin heraus, zieht nochmals am Lauf und die einzelne Patrone springt wieder heraus. Er lässt den Revolverschlitten durch Auslösen des kleinen seitlichen Bolzens zurückschnellen, lädt die herausgesprungene Patrone wieder ins Magazin, führt dieses erneut von unten in den Revolvergriff ein bis ein Schnappgeräusch hörbar wird und sichert dann die Waffe mit dem Sicherungshebel von rot auf schwarz.

„Alle Achtung", entfährt es Kost, gelernt ist gelernt, und obwohl dieser alte Schinken schon mindestens zwei

Jahrzehnte auf dem Buckel hat scheint ihn Bruno sehr gepflegt zu haben.

Kosts Trabbi, mit leichten bis mittelschweren Farbabplätterungen, repräsentiert in seinem Zustand und technischen Gegebenheiten einmal mehr den Zustand der DDR. Jan erinnert sich dabei an die ersten in der neuen Bundesrepublik gebauten, bedingt vergleichbaren schlichten Fahrzeuge, die längst verschwunden beziehungsweise durch wahrlich neuzeitliche, amerikanisierte Autos ersetzt wurden, zum Beispiel den sogenannten Leukoplastbomber – Modell Lloyd – der Firma Borgward mit einer Karosserie, die aus einem undefinierbaren Kunststoff bestand. Das Gogomobil, ein kleines unförmiges Blechfahrzeug, das von vorne wie von hinten fast gleich aussah, die kugelförmige BMW-Isetta mit Fronteinstieg, ‚Knutschkugel' genannt, oder den Messerschmidt-Kabinenroller, eine fahrende Flugzeugkabine auf drei Rädern mit einem Motorradlenker. Man sah sie manchmal noch auf westdeutschen Straßen, wurden aber von den neuen, sich privilegiert fühlenden neuen Autobesitzern nur noch von oben herunter betrachtet.

Der Himmel an diesem Samstagmorgen verändert sich allmählich vom Grau in ein Grundblau, das von weißen Wolkenfahnen durchzogen wird, die vom Wind getrieben ständig neue Formen annehmen. Die Luft ist klar und man wünschte sich ein freies unbeschwertes Wochenende.

Nach einigen Kilometern in Richtung des südlich von Golzow liegenden Nachbarortes Ragösen, entgegen des nördlich gelegenen Berlins, nehmen sie Marie auf, die schon stramm marschiert ist. Lacht, schwingt ihr Täschchen und verbreitet alleine durch ihre kaum verständliche Fröhlichkeit einen zweckorientierten Optimismus. Sie trägt ein buntes, weitschwingendes Kleid in sommerlichen Farben, das ihren Rundungen besondere Geltung verschafft. Die rötlichen Haare wehen ihr in langen gekräuselten Strähnen um den Kopf und bringen Licht in ihr Gesicht und in den Tag.

Verdammt, schon wieder spürt Jan seinen wahrlich in dieser Situation unvertretbaren Trieb, diese Frau anzufassen und der Geruch, den ihr Körper, leicht erhitzt, ausstrahlt, tut ein Übriges. Die drei im Trabbi sehen, abgesehen von der Uniform des Oberleutnants, tatsächlich wie Freunde oder Familie bei einem freudigen Tagesausflug aus, wenn ihnen nicht auf unterschiedlichste Weise das Gespenst des unbekannten, unausweichlich Kommenden die Sinne verdunkeln würde.

Jetzt unterqueren sie die Transitautobahn nach Leipzig und fahren weiter auf der Landstraße über den ausgewitterten holprigen Asphalt.
Beelitz, Zauchwitz, Trebbin, Nunsdorf, Zossen.
Nach Mittenwalde unterqueren sie die Reichsautobahn der DDR nach Dresden in Richtung Königswusterhausen, um über Erknez von Osten her die Randbezirke Ostberlins zu erreichen. Über Köpenick wollen sie dann nach Berlin-Mitte in die Sophienstraße fahren.
Früher hatte die Familie Professor Dietz am Prenzlauer Berg in einer exponierten Lage eine alleinstehende Villa bewohnt, ganz in der Nähe des Krankenhauses an der Nordmarkstraße, in dem der Professor zuletzt arbeitete, nachdem er seine Stelle an der Charité, direkt an der Mauer

mit Sicht auf den westlichen Tiergarten, verlor, beziehungsweise, man ihm wegen politischer Unzuverlässigkeit kündigte.

Jetzt wohnte Frau Dietz in einem Mietshaus, das sie etwa zeitgleich mit den Menschen aus Golzow verlässt, um diese in der Sophienstraße bei ihrer mütterlichen Freundin, Frau Segebrecht, zu treffen.

Auf der Fahrt glauben sie verstärkte Polizeipräsenz zu bemerken. Kost schüttelt bedenklich den Kopf:

„Die werden doch nicht tatsächlich Brunos Wagen entdeckt und identifiziert haben. Bruno hat die Kennzeichen abmontiert und in den Waldboden gerammt, ergo muss man nicht unbedingt gleich auf ihn kommen, was uns einen Vorsprung verschaffen würde, wenn Jan im Bedarfsfalle in die Rolle von Bruno schlüpft und sich mit dessen Dienstausweis legitimiert.

Nimm dann nur die Brille ab, Bruno hat Adleraugen."

Kurz nach dem Abzweig Königswusterhausen vor dem Dorf Niederlehme, direkt nach der zweiten Transitunterquerung, war es dann soweit.

Polizeifahrzeuge, dahinter eine lange Reihe angehaltener privater Wartburgs, Trabanten, Wolgas, Vorkriegs-DKW's, Opel P4's und anderen schon fast historischen Autos, sogar ein Adler mit Lenkradschaltung befand sich in der langen Autoschlange. Mehrere Vopos gehen an den Fahrer-seiten entlang, um die Papiere der Insassen zu kontrol-lieren. Strenge, manchmal böse Gesichter auf der einen, aufgeregte manchmal ängstliche auf der anderen Seite.

„Da ist etwas Besonderes im Gange, hoffentlich nicht Bruno und uns betreffend. Beten! Schon wieder, ich werde noch zum Apostel", sagt Kost und bremst den Wagen vor der roten Kelle, die ihm ein VOPO direkt an die Frontscheibe hält.

„Rechts ran, Motor abstellen und alle aussteigen!" Der Polizist hatte sich noch nicht gebückt, um die Insassen zu mustern. Kost in seinem grauen HO-Mantel, den er bewusst angelassen hatte, steigt gemächlich aus, fast lässig wie man im Westen sagen würde, völlig ruhig erscheinend, was er sich für diesen Fall vorgenommen hat.

Jan tut das Gleiche auf der abgewandten Seite, indem er die Offiziersmütze aufsetzt und dem sichtlich überraschten Vopo in die sich plötzlich ändernden Augen blickt.

„Oberwachtmeister hat ihm Kost kurz vorher noch zugeraunt!"

„Verzeihung Genosse Oberleutnant, ich wusste nicht".. und der zweite Satz verliert sich in einem verunsicherten Gemurmel. Er steht stramm und grüßt militärisch korrekt.

Jan geht aufs Ganze, tippt an die Mütze und fragt:

„Name, Zuständigkeitsbereich – was geht hier vor?"

Eines hatte er vergessen, nämlich seine Brille abzunehmen, was er jetzt tut und diese in seine obere Uniformtasche, direkt über Brunos Auszeichnung, steckt.

„Oberleutnant Dietz, Verzeihung ich habe Sie wegen der Brille nicht gleich erkannt!"

„Lesebrille!"

„Kunzmann, Oberwachtmeister, Vorbereitung Hauptwachtmeister beim Grenzschutz. Ich hatte vor einigen Jahren in Gera einen Ausbildungslehrgang bei Ihnen!"

„Es waren damals viele Genossen auszubilden – nun Ihre Meldung, was liegt hier an?"

„Wir haben Informationen über einen Grenzverletzer, eventuell Republikflüchtling von höherer Bedeutung. Es kann sich aber auch um ein Kriminaldelikt handeln.

Genaues wissen wir nicht, erwarten jedoch jeden Moment eine definitive Information. Die Leitstelle arbeitet daran! Es tut mir leid, aber wenn Herr Oberleutnant nicht im Dienst ist, muss ich der Ordnung halber um den Urlaubsschein bitten!"

In diesem Moment steigt Marie aus, die der VOPO vor lauter Oberleutnant nicht bemerkt hat, jedoch jetzt die Augen aufreißt, die sich zielgenau an Marie's weitgeöffnetem Blusenausschnitt festmachen.

Sie bückt sich beim Aussteigen vom Rücksitz durch die Vordertüre äußerst raffiniert einen Bruchteil länger als notwendig, damit ihre schönen, festen Brüste doppelt zur Geltung kommen und lächelt den VOPO mit ihrem unnachahmlichen, stets aufreizenden und doch nicht aufgesetzten, Lächeln an.

„Na, Herr Hauptwachtmeister", bewusst einen Rang höher wählend, „Sie werden doch meinen HO-Onkel und Cousin Oberleutnant Dietz an seinem dienstfreien Wochenende auf dem Weg zum Verwandtenbesuch nach Berlin keine unnötigen Schwierigkeiten machen. Meine Tante, die Mutter von Herrn Oberleutnant, ist schwer erkrankt und wir müssen schnellstmöglich nachsehen was wir tun können."

Damit hat Marie so nebenbei äußerst klug den Kreis zu Brunos Freistellung geschlossen und vielleicht dadurch den drei Flüchtigen ein zusätzliches Zeitpolster geschaffen.

Der im Koppelbereich leicht gewölbte Polizist, verliert durch das Erscheinen dieser so unbedarft auftretenden dritten Person, die den Anlass des Haltegebotes völlig ignoriert, einen Moment lang den inneren Antrieb für seine ihm so gewichtig erscheinende Aufgabe und reagiert aus der dünn gewordenen Luft seines Willens spontan:

„Genosse Oberleutnant, verzeihen Sie, aber die Pflicht …", und wieder geht der Rest des Satzes in einem nicht mehr verständlichen Gemurmel unter. Seine Hand, die jetzt an der Mütze liegt, ist steif wie ein zwischen Ziegelsteinen gepresstes Stück Fleisch.

Jan erinnert sich in diesem Augenblick an die Polizeimarke in seiner Hosentasche und hält diese wortlos dem VOPO über das Wagendach entgegen. Die Körpersprache des Oberwachtmeisters zeigt jetzt einen fast ängstlichen Respekt, der durch den folgenden streng gesprochenen Satz des falschen Oberleutnants, der es sich nicht verkneifen kann, noch gekrönt wird:

„Oberwachtmeister Kunzmann, Ihren Namen werde ich mir vormerken!" Kunzmann weiß nicht genau, ob dies eine gute Information ist oder nicht und lächelt in zweifelnder Hoffnung, denn er weiß jetzt durch die Messingmarke, dass der Oberleutnant auch für die Staatssicherheit tätig ist.

Dann wirkt er fast euphorisch, als er geradezu herrisch seine Kollegen, die zwischenzeitlich auch auf den Offizier und das schöne Mädchen aufmerksam geworden sind, zur Seite winkt, um mit einem geradezu elegant zu nennenden Schwung seiner rechten Hand die Straße freizugeben.

„Verflucht, das hätte knapp werden können, denn ich glaube, die haben Brunos Wagen gefunden, aber noch nicht identifiziert und können sich vorläufig keinen schlüssigen Reim bilden. Bruno wollte sich, wie er mir beim letzten Gespräch noch sagte, äußerst klug bedacht einen kleinen Messerschnitt zufügen, um so im Wagen Blutspuren zu hinterlassen, was zunächst nicht auf Flucht, sondern auf ein Verbrechen schließen ließe. Im Übrigen habe ich eben beim Wegfahren den VOPO am ersten Wagen das Funktelefon abnehmen sehen. Möglicherweise erhält er gerade jetzt neue Informationen, die für uns eventuell nicht günstig sind. Wir müssen doppelt vorsichtig sein und versuchen, auf Schleichwegen in die elende Sophienstraße zu Frau Segebrecht zu kommen. Dort erwartet uns inzwischen sicherlich Brunos Mutter.

Erschreckt nicht, wenn ihr die Wohnung seht, von der man, außer einem einzigen Straßenfenster in Richtung Trümmerlandschaft, hauptsächlich in einen verrümpelten Hinterhof sieht, in dem bestenfalls unerzogene Gofen herumtoben."

Bedrückend empfindet Jan auf der Fahrt zum anvisierten Ziel die großenteils unverändert belassenen Kriegszerstörungen in den Straßen, die sie von Osten über Friedrichshain zum früheren Zentrum Berlins passieren.

Schwarzgraue Fassaden mit hellen Fensterlöchern, durch die man das unschuldige Blau des Himmel sieht, wechseln mit notdürftig wohnbar gemachten Häusern. Abgeblätterter Verputz, abgesplitterte Fensterfarbe, verwaschene Schriftzüge über ehemals pulsierenden Geschäften oder Gastronomien, deren Rolläden meist heruntergelassen zum Teil schief und löchrig in ihren verrosteten Führungsschienen hängen.

‚Ackermanns Gaststätte' mit einem verwaschenen Bierschild, auf dem man noch immer den wohlbeleibten Braumeister mit gefülltem Glaskrug und das Wort Schultheiss-Bier erkennen kann. Dazwischen ein aktiver Verkaufsladen der HO-Gruppe, auf deren Scheibe, mit DDR-Fahne unterlegt, ein Schild prangt:

‚Mit Herz und Verstand wetteifern wir zum Nutzen unserer Kunden zur Ehre unserer Republik'. Und Walter Ulbricht blickt stumpfsinnig im großformatigen Schwarzweißfoto hinter der mit einigen Bratwürsten dünn dekorierten Ladentheke durch die Schaufensterscheibe, als Reinkarnation des Ungeistes, in der gähnenden Gesichtslosigkeit einer staatlichen Nulloption, angespült im Aufwaschwasser der sowjetischen Hegemonie.

„Haste vorhin in der Ferne die neuen Plattenneubauten gesehen? Die sind der ganze Stolz der Partei und sollen die Leistungskraft des Wiederaufbaus symbolisieren, speziell in der Karl-Marx-Allee. Daneben gibt es vor allem das Vorzeigeobjekt Nummer eins, den Palast der Republik, gegenüber dem alten Schloss, dessen Reste sie abgerissen haben. Dort im neuen Glanz des schon sichtbar Vergänglichen sitzen die Oberbonzen und baldowern ihren Ideologienmüll aus."

Kost war in Fahrt geraten und manches brach aus ihm heraus, weil er die Endlichkeit seiner Zeit in diesem so traurig verkommenen Land vor sich zu sehen glaubt.

Sie biegen in eine dunkle Hofeinfahrt und stellen den Wagen neben das Geländer eines Waschküchenabganges. Der Blick ringsum geht an den schon bereits verinnerlichten grauen, abgenutzten, rissigen Fassaden mehrgeschossiger Häuser hoch. Kinder umringen den Wagen, man ist freundlich. Fenster öffnen sich und eine Frau ruft herunter:

„Bringste uns was Schönes mit?" und lacht wie bei Zille, wo immer ein wenig Fröhlichkeit hinter dem Elend hervorblizt, und auch hier und heute zeigt sich ein Rest verbliebenem, offensichtlich nicht totzukriegenden Berliner Frohsinn, geeicht im Elend des nahtlosen Übergangs von Braun zu Rot.

„Ist das Brunos Mutter dort am Fenster", fragt Jan.
„Um Gottes Willen, nein. Sie zeigt sich sicherlich nicht, wenn sie jetzt bei ihrer achtzigjährigen Freundin auf das wartet, was wir gemeinsam unternehmen wollen!"

Dann fügt er leise hinzu, nachdem er noch einmal misstrauisch an den Häusern hochgeblickt hat:

„Heute Abend müssen wir den ersten Funkkontakt herstellen, und ich kann nur hoffen, dass dies gelingt, Bruno drüben ist und das Seinige bis dahin vorbereiten konnte.

Der erste Funkspruch ist für 22.00 Uhr nach Einbruch der Dunkelheit vereinbart, danach 24 Stunden später in der Nacht von Sonntag auf Montag. Sollte ich Bruno heute Abend erreichen, bitte ich ihn, sein Gerät ständig auf Empfang zu halten, denn bei denen da drüben spielen ein paar Batterien mehr oder weniger sicher keine Rolle. Ich habe nur diesen einen Batteriesatz und der muss reichen, vor allem wenn sich noch etwas Unvorhergesehenes ereignen sollte. Ob wir allerdings auf unserem Fluchtweg noch Funkkontakt halten können ist fraglich. Wir werden es, wenn möglich, jeweils zur vollen Stunde nach 22.00 Uhr versuchen oder, wenn die Batterieladung ausreicht, das Gerät dann auch auf Dauerempfang einstellen. Am Montagmorgen 4.00 Uhr müssen wir drüben sein, um jedweder Beobachtung auch im Westen zu entgehen. Unsere SSD-Spitzel in Westberlin dürfen von den Vorbereitungen, die Bruno drüben organisieren muss, nichts mitkriegen, sonst sind wir ‚am Arsch", und er sagt dies wieder mit aller Brutalität.

„Wie kommen wir denn über die Mauer?"

„Nicht über die Mauer, darunter durch, aber warte es ab, besser Du weißt nicht zu viel falls sie Dich vorher

schnappen. Hoffentlich nicht, denn ich brauche Dich als NVA-Offizier zur Deckung, verstehst du?"
„Nein, aber ich muss Ihnen wohl vertrauen."
„Worauf Du Dich verlassen kannst, jetzt oder nie mehr!"

Seltsame Freundschaften

„Kommen Sie rein!"
Bruno betritt zum ersten Mal zögernd eine westliche Wohnung. Ledercouch, darüber ein Ölbild mit erschreckendem Motiv, nämlich das fleischergerechte Ausnehmen eines am Haken hängenden halben Rindes mit viel Blut und innseitig freigelegten Rippenbögen.
Dieter grinst: „Klasse, was!"
Draußen auf dem Balkon sieht er die großen Margeritenbüsche, die im Wind tanzen.
Anderes nimmt Bruno nicht mehr wahr, nur das fremde Ganze, das ihn umgibt. Er weiß, dass es jetzt auf jede weitere Redewendung ankommt, denn er braucht für die nächsten Stunden Dieters Loyalität und Hilfe, sollte nicht alles den Bach hinuntergehen.
„Ein Bier?"
„Gerne!"
Jans Freund scheint ihn nicht gleich wieder hinauswerfen zu wollen, und so beginnt Bruno die ganze Geschichte gerafft und ohne Beschönigung zu erzählen, bis zum Erreichen dieser Minute in der er jetzt das kühle, unglaublich

schmackhafte Bier aus dem Steinkrug in einem langen Zug hinuntergießt. Es wird ihm schwindelig, denn er hat seit dem frühen Morgen nichts mehr gegessen.

„Na denn prost!"

Dieter grinst wieder und zieht mit seinem Bier in genau vergleichbarer Weise nach, wischt sich den Schaum vom Mund, rülpst und sagt:

„Der Rülpser ist ein Magenwind, der keinen Weg zum Arschloch find!"

„Und was stellen wir jetzt an? Ich rufe die Polizei, den Grenzschutz, zeige das Verbrechen, den Diebstahl, Raub und alles andere was Sie an meinem Freund Jan verbrochen haben an, oder ich erhöre Ihren Hilferuf, der sicher sogleich erklingt und bringe mich in eine verteufelt beschissene Lage?"

„Letzteres", sagt Bruno, „Ihr Freund und ich sowie meine Fluchtgruppe benötigen jetzt, und zwar sofort beginnend Ihre Hilfe, andernfalls...!"

„Was andernfalls?"

„Andernfalls wandert Jan van Boese eventuell als Fluchthelfer oder als Westspion in den Knast nach Bautzen zusammen mit Werner Kost, meinem väterlichen Freund und meiner Mutter und dies auf unabsehbare Zeit!"

Dieter schaut sekundenlang in Brunos Augen, in denen er die Angst des Torwarts vor dem Elfmeter zu sehen glaubt und sagt:

„Was würde John Wayne, Gary Cooper oder der edelmütige Robin Hood in der Person von Errol Flynn tun – helfen, sich aufopfernd in den Kampf gegen Sitting Bull oder den Sheriff von Nottingham stürzen? So tue ich es meinen erlauchten Vorbildern nach und versuche das Meinige!"

Bruno weiß nicht von was Dieter spricht, nur, dass dieser sich offensichtlich entschlossen hatte, ihm zu helfen. Hoffentlich ist dieser Frohgeselle überhaupt in der Lage, hilfreich zu sein und begreift die Ernsthaftigkeit der Situation.

Dass dies durchaus so ist, bemerkt er sehr schnell, als Dieter ohne jede weitere spaßige Bemerkung erklärt, gemäß dem, was er jetzt erfahren habe, gehe es quasi um wenige Stunden, bis die von drüben den Schlammassel entdeckt hätten und man konkret nach den Flüchtigen suchen würde.

„Was muss ich tun?"

„Die ganze Aktion hier in Westberlin muss ablaufen bevor ich mich offiziell als Republikflüchtling bei den BRD-Behörden melde, denn die werden mich als NVA-Grenzschutzoffizier und SSD-Mitarbeiter sofort dem Bundesnachrichtendienst überstellen und mich dort in die Mangel nehmen. Ist später ja auch in Ordnung und ich sage denen was sie wissen wollen, aber vorab müssen meine Leute über die Grenze nach Westberlin und zwar in der Nacht von Sonntag auf Montag."

„Wie soll das gehen – Jump over the Wall – ?"

„Was soll das heißen?"

„Sorry, wir sind hier in Westberlin ein wenig amerikanisiert, ich meine über die Mauer".

„Nein, darunter durch!"

„Habt ihr einen Tunnel gegraben?"

„Nein, aber so ähnlich soll es laufen! Es gibt einen unterirdischen Durchgang von Ost nach West, der ausschließlich von unseren Spezialagenten genutzt wird, wenn diese absolut unbemerkt die Seite wechseln wollen. An den offiziellen Grenzübergängen wird auch von westlicher Seite genau registriert und fotografiert wer von Ost nach West die Kontrollpunkte passiert, und im Abgleich der Spionageabwehr können unsere Leute gegebenenfalls identifiziert werden, auch wenn sie mit Diplomatenpass oder anderen legalen Papieren ausgerüstet sind. Diejenigen, die unerkannt bleiben müssen, kommen durch den sogenannten ‚Pumpenschacht' im Humboldthain unter dem alten Süd-Westturm des ehemaligen Flakbunkers. Dort hat man während der Bauzeit 1942 aus Zeitersparnisgründen, man wollte die ungeheure Betonmasse des Bunkers in nur sechs Monaten verbauen, die Entwässerung der Baugrube, bestehend aus Regen- und Schichtwasser, direkt in die nächstliegende Kanalisation der Hoch- beziehungsweise Hussitenstraße, abgeleitet. Dazu wurde ein vertikaler Schacht abgeteuft und von dessen unterem Ende aus, über ausgerohrte Schrägbohrungen, eine Verbindung zur Kanalisation geschaffen. Obwohl kein klassisches Kellergeschoss ausgeführt wurde, war die Baugrube doch sehr tief, da die mächtigen Fundamente, welche die meterdicken Wände und Decken tragen sollten, größte Abmessungen benötigten. Dazu das darunter eingebrachte hochverdichtete Schotterbett, welches zur Abfederung des gesamten Bunkers diente, wenn die vier 12,5 Zentimeter Zwillingsflaks auf den Ecktürmen gleichzeitig feuerten und dabei erhebliche Rückschläge erzeugten, die den Bunker in seiner ganzen Masse erschütterten.

Für diese illegale Wasserbeseitigung gab es in Anbetracht der Kriegssituation weder eine offizielle Genehmigung noch eine Planfeststellung. Die schlauen Nazis kamen in direkter Folge auf die Idee, diese Rohrverbindung weiter auszubauen und daraus einen Fluchtweg aus oder in den Bunker zu konstruieren. So verblieb der senkrechte Schacht, dessen Durchmesser für einen Menschen groß genug bemessen ist, und man schuf an dessen unterem Ende einen kleinen gemauerten Auffangraum. Die alte Schrägverrohrung wurde treppenartig bis zur Kanalisation ausgebaut, so dass über andere unterirdische Tunnels und Kanäle aus der Zeit der nahen U- und S-Bahnbauten ein fast perfekter Fluchtweg nach draußen entstand. Dies für den Fall, dass man im Bunker eingeschlossen war oder umgekehrt, wenn man im Bunker Schutz suchen wollte. Der geheime Weg war nur ganz wenigen Personen bekannt, von denen die meisten das Kriegsende nicht erlebten.

Es gab und gibt keinerlei Pläne, lediglich die mündlichen Überlieferungen eines Bauleiters, der sich nach dem Krieg im SED-Kader wiederfand.

Als der Bunker von den Alliierten überwiegend dilettantisch und unvollständig gesprengt wurde, außer der später effektiveren Methode der Russen, aktivierte der MfS nach dem Mauerbau 1961 diesen bis dahin vergessenen Fluchtweg und nutzt ihn, seit diesem Zeitpunkt für seine Zwecke.

An einer völlig verdeckten Stelle im südwestlichen Bunkerbereich, an der zu einem Berg angewachsenen, grün überwucherten Trümmerschuttanfüllung, liegt der schmale, spaltartige Zugang zu diesem unterirdischen Weg von Ost nach West und ist aufgrund des umgebenden dichten Buschbewuchses völlig verdeckt. Dahinter liegt in einem bewusst ungesicherten, jedoch fast völlig verschütteten Innenraum, wohin sich von außen niemand verirren würde, geschweige denn einen Anreiz hätte, in das schmutzige Dunkel einzusteigen, der eigentliche Ausstieg oder Einstieg der Agenten. Dieser hat jedoch die Schwierigkeit, sich nur von Westen öffnen zu lassen. Das haben die Genossen vom MfS ganz überlegt so eingerichtet, damit auch ein eventuell abtrünniger Agent nie diesen Durchschlupf von Osten nach Westen alleine nutzen kann; er braucht dazu immer einen Helfer im Westen, und diese verdeckten SSD-Leute sind meist Zweihundertprozentige, die niemals Fluchthilfe leisten würden.

Ich kenne den genauen Ausstiegsort und den Öffnungsmechanismus, weil ich in meiner Zeit als MfS-Schüler mit dessen Konstrukteur einige Zeit bei einer Führungsschulung das Zimmer geteilt habe, und dieser Kerl, mit ein wenig Alkohol, natürlich unter dem Siegel absoluter Verschwiegenheit, sich einmal mehr mit seinen Spezialkenntnissen brüstete. Er war gelernter Schlosser und hatte den Mechanismus gebaut. Es handelt sich um ein schlichtes Vierriegel-Stangenschloss, das im Kreuz unter dem Deckel in vier Stahllaschen einrastet. Zum Öffnen benötigt man keinerlei kompliziertes Gerät oder gar einen Schlüssel, lediglich ein ganz spezielles, einfaches Flacheisen mit einem bestimmten Querschnittprofil, das man in einen im Deckel eingelassenen Schlitz einführt und von links nach rechts bewegt, wie wenn man bei der Stadtbahn von Hand eine Weiche stellt. Dieses Hebeleisen kann man in etwa zwei Meter Höhe in jenem besagten Bunkervorraum aus der Wand ziehen, wo es unauffällig wie eine verlassene Rohrbefestigung herausragt. Findet man es nicht", erklärt Bruno, „könne man eventuell auch einen vergleichbaren Flachstahl, der in die Deckelöffnung passt und einen langen Hebel besitzt, verwenden", und bemerkt ergänzend, dass es bei aller Geheimnistuerei kaum zu glauben ist, mit welch simplen Mitteln dabei gearbeitet wurde, möglicher-weise auch ganz bewusst, weil keiner an einem ‚heißen' Übergang eine so primitive Einrichtung vermute.

„Hoffe, dass alles unverändert ist."

Bruno ergänzt seine Schilderung mit der Erklärung, es gäbe seit dem U-Bahnbau zwischen Hallschem-Tor und Wedding, beziehungsweise S-Bahn-Tunnel-Teilstück Friedrichstaße-Gesundbrunnen und der nahezu parallel laufenden U-Bahn-Strecke Alexanderplatz-Gesundbrunnen außerdem eine Vielzahl anderer Schächte unterschiedlichster Nutzungen, zu denen wiederum von den Gleistunneln her gemauerte Arbeitsgänge führen würden, die allerdings im Krieg weitgehendst zerstört wurden oder danach in Vergessenheit gerieten. Die meisten davon hätte man beim Mauerbau von der DDR-Seite aus vergittert oder zugemauert. Diese Arbeit in der nassen Dunkelheit sei oft schlampig und lustlos ausgeführt worden und oftmals wurde Vollzug gemeldet, ohne dass die Arbeit tatsächlich abgeschlossen war, dann wenn es den Maurern zu beschwerlich wurde oder sie vielleicht dachten, da hinunter geht ohnehin niemand freiwillig und stellten ihre Arbeit einfach ein. Es gibt also neben dem bewusst ausgebauten Agentenweg auch noch andere Tunnelwürmer, deren Endpunkte unbekannt sind, wo ich mir aber vorstellen kann, dass sie bei eventueller Verfolgung auf dem Fluchtweg als Verstecke dienen können. Es gibt dort unten ein wahres Labyrinth an Tunneln und Schächten, der richtige Weg jedoch ist mit bestimmten Zeichen markiert, welche die Fluchtgruppe finden und ihnen folgen muss.

„Mann, was Du nicht sagst!" Dieter stöhnt hörbar „und was ist das Nächste auf dieser Geisterbahn?"

„Ich brauche wegen des zweiten Funkgerätes absolut kurzfristig eine Verbindung zum BRD-Grenzschutz oder zur Westberliner Polizei, zu jemandem, der die Sache bis Montag nicht an die große Glocke hängt, sondern inoffiziell auf kleiner Flamme kocht.

Kennst Du jemanden bei diesen Vereinen?"

Dieter scheint überraschenderweise nicht wirklich böse zu sein auf das, was Bruno seinem Freund Jan angetan hat. Er nimmt es offensichtlich einfach als gegeben hin, vielleicht hat er auch eine Abrechnung, wie auch immer, für danach im Kopf.

„Egal."

„Entzückend!"

„Ich glaube, Du hast Glück. Es gibt da einen Kumpel von mir beim BRD-Grenzschutz, der sich mit mir ab und zu in der gemischten Sauna im Schloß Gerhus entspannt oder verspannt, denn meistens schnappt er sich danach eine der Trottoirschwalben vom Bahnhof Zoo. Keine Angst, er ist ein guter Kerl mit einem großen Trieb in der Hose, aber ein kompromissloser Draufgänger wenn es darauf ankommt, vor allem wenn er sich mit einer Sache identifiziert. Den hab ich schon auf einem gemeinsamen Heimweg erlebt als auf der anderen Straßenseite eine Schlägerei mehrerer Männer lautstark im Gange war und er zu mir sagte, ich solle einen Moment warten, er gehe da mal rüber und mische ein wenig mit. Und dann klatschte es drüben, und mit Gebrüll und Schmerzenslauten stob der Männerknäul auseinander. Walther, mein Freund, kam dann grinsend zurück, betrachtete seine aufgeschlagenen Knöchel und sagte, das war mal wieder fällig."

„Das Schwierige bei dieser Sache ist eventuell die Beschaffung eines passenden Funkgerätes.

Welchen Rang hat dein Walther?"

„Er ist Stabsmeister, das bedeutet der höchste Unteroffiziersrang, und er kann in dieser Funktion durchaus etwas bewegen."

„Es ist vier Uhr nachmittags, kannst Du ihn erreichen?" Dieter nimmt den grünen Hörer von der Gabel und dreht die Wählscheibe, legt auf und sagt: „Scheiße, ich hab mich verwählt, da war eine alte Tante dran. Verdammt, nochmals wieder falsch verbunden, jetzt war es Onkel Tom, ein American Fucker! Gib mir das Buch mit dem goldenen Telefon drauf." Er blättert darin, dann „aha, da haben wir den Schwerenöter, gleich zweimal – Dienststelle und Privat.

„Walther ich brauche deine Hilfe!

Nein, ich spinne nicht mit dem was ich Dir gerade in Kurzform erzählt habe, aber besser, wir treffen uns im Ponte Veccio in einer Stunde, denn das, was ich noch ergänzen muss, geht ohnehin nur schwer in Dein beamtetes Spatzenhirn", lacht und sagt – „Du mich auch!"

„Kann ich bitte eine Scheibe Brot haben?" Bruno ist es nach dem Bier auf den leeren Magen schlecht.

Dieter sagt, er solle in die Küche gehen und sich holen was er wolle, er würde sich noch eine passende Kleidung überstülpen.

Nein, solch eine Küche hatte er noch nie gesehen, und das was Bruno in den Schränken, im Kühlschrank und auf den Regalen vorfand, verschlug ihm den Atem. Dieter scheint ein engagierter Koch zu sein, mit selbst eingelegten Gurken und anderen Gemüsen, rotes, gelbes und grünes, das Bruno nicht kennt und das säuberlich aufgereiht in Einmachgläsern auf dem obersten Bord steht.

„Ich bin der letzte Fußgänger, habe keinen Führerschein. Kannst Du Jans Porsche fahren?"

Sie verlassen das Haus. Die von Kastanienbäumen gesäumte Straße ist leer. Viele geparkte Autos aber keine Menschen. Die Sonne steht hinter den Häusern im Westen, und der Himmel hat rote Wolkenstreifen.

„Hey Bruno, mach langsam, auf den Gehsteigen in Berlin ist die Hundescheiße Standarddekor und da rutscht es sich bravourös mit Getös aufs Gesös", lacht und hastet hinter Bruno her.

Mit Dieters sarkastischem Humor hat Bruno Probleme, er kennt keine solche scheinbare Leichtigkeit, zumal ihm im Augenblick nicht nach witzeln zumute ist.

Jans Freund erklärt ihm präzise den Weg zu dem italienischen Lokal, das im Erdgeschoss eines schmalen Hauses hinter einer reichverzierten, unzerstörten Fassade des ausgehenden neunzehnten Jahrhunderts eingerichtet ist. Drinnen ist es so schmal oder so breit wie von außen vermutet, so wie es die baulichen Gegebenheiten zulassen, aber es geht in die Tiefe, an dessen Ende der Ponte Veggio sich bildlich kühn über den tiefblauen Arno schwingt, der in natura vor Ort, wie Dieter bemerkt, eher einer braunen trägen Suppe gleicht. Man steht als Betrachter etwa in der Mitte der Brücke zwischen den Budenläden voll Gold- und Silbergeklimmer in beschaulichem Ausblick, flussauf oder -abwärts, wer weiß?

„Mein Gott, wäre ich nur dort, und die Farbe des Wassers würde mich nicht betrüben!" Bruno träumt dem Patrone Guiseppe in dessen freundliches Gesicht, kommt jedoch unvermittelt wieder in seine von Eile geprägte Wirklichkeit zurück.

„Hilfe, ich muss es schaffen und jeder Weg dahin ist mir recht," wenn ihm auch die langsam vorgetragene mündliche Aufzählung der abendlichen Küchenkreationen, die behäbig den Mund des Patrone verlassen, an den Nerven zerren.

Walther ist schon da. Ein großer kräftiger Mann mit einem kurzen Haarschnitt, der auf dem Kopf wie eine Bürste steht. Darunter zwei Augen in unterschiedlichen Farben, eines ist braun, das andere grau, aber beide ergeben zusammen einen vertrauensbildenden Ausdruck, eine feste Bestimmtheit geht von ihnen aus.

„Müssen wir denn essen? Die Zeit läuft mir davon!" Bruno schwitzt.

„Sei nicht so aufgeregt, Walther kommt mit leerem Magen nicht auf Touren, er hat gerade seine letzte Schicht abgerissen. Genieße Du auch und dann gehen wir in die Vollen, vorausgesetzt Walther zeigt sich als Freund unter Freunden. Im Übrigen hast Du doch gesagt, dass erst um 22.00 Uhr der Kontakt stattfinden soll, da haben wir noch etwas Zeit, uns zu stärken!"

Dieter bestellt Antipasti misto, dann Malfatti ai Porcini und schlussendlich den Brasato di Barolo für alle. Dazu den Vino della Casa, zuerst einen weißen aus dem Friaul, dann den roten, wie könnte es anders sein, aus Barolo im Piemont.

Bruno bemerkt, dass Dieter die italienische Küche kennt und er selbst von all dem, was die beiden Berliner darüber reden, nichts versteht. Er brennt innerlich, und die Minuten, die nicht seiner Sache gewidmet sind, werden zu Stunden, Tagen, Monaten, Jahren. Der Wein macht Bruno schwindlig und er bittet um Wasser, San Pelegrino jede Menge und einen rabenschwarzen Espresso mit viel Zucker, den er vorher nie getrunken hat.

„Was haben wir drüben nur für eine Subkultur, ohne alle diese Selbstverständlichkeiten, welche die Beiden sich da mit genüsslichen Lauten einverleiben!"
Nachdem die Augen seiner Tischgenossen wohliges Sattsein ausstrahlen, fordert ihn Walthers Kopfnicken dazu auf, nun das Anliegen ergänzend und vollständig vorzutragen. Schnell bekommen die satten Jungs runde Augen und erscheinen jetzt nicht mehr so gelockert wie bisher im Gespräch auf der Brücke über den Arno, wo an deren Stadtseite links unten der absolute Geheimtipp der florentinischen Küche liegen würde, nämlich das ‚Buca dell Orafo', von dem die Beiden noch vor wenigen Minuten geschwärmt hatten.

„Das kann ich nicht machen, nein, das geht nicht, ohne dass ich meine Vorgesetzten informiere! Ich verstehe sehr wohl um was es da geht, aber was drüben illegal abläuft kann hier nicht illegal fortgesetzt werden!"

„Mensch Walther, wir müssen Jan da rausholen und die anderen armen Schweine auch!"

„Wie war noch einmal Dein Name?"

„Alexander Dietz!"

„Du bist doch Offizier und müsstest wissen, in was für eine Situation ich komme, wenn wir auf der Westseite keinen regulären Dienstweg gehen! Da hast Du uns etwas eingebrockt und dann noch mit Anspruch auf Eiltemo, sofort, am besten schon gestern, merde, merde!"

„Was heißt das?"

„Scheiße, auf französisch!"

„Was ist das für ein Funkgerät?"

„Ein amerikanisches AN-PRC-6 Walkie-Talkie, was der Bundesgrenzschutz wohl Ende der Fünfziger nach dem

Koreakrieg von den Amis mangels Eigenkonstruktionen übernommen hat!"

„Ja ich kenne diese Dinger, die liegen bei uns im Magazin noch zu Hauf herum. Wir benutzen sie nur noch bei Sondereinsätzen für größere Reichweiten und zum Abhören von Radiosendern!"

„Die NVA und die Vopos haben UFS 401- Funkgeräte, können die uns in die Quere kommen?"

„Unwahrscheinlich, denn die bewegen sich auf ganz anderen Frequenzen, das müsste schon ein ganz blöder Zufall sein!"

„Na also und wie kommen wir an unser Kommunikationgerät?"

Walther schweigt und man sieht ihm die Anstrengung seiner Gedankengänge deutlich an.

„Den ersten Anruf habe ich mit Werner Kost für punkt zweiundzwanzig Uhr vereinbart!"

„Noch zwei Stunden, das ist zu knapp!"

„Warum mussten wir zuerst essen, anstelle etwas zu tun", erlaubt sich Bruno zu bemerken.

„Du warst ja halb verhungert und es ist nicht gut, in solch einem Zustand Kopfstände zu machen, klar!

Außerdem muss man, wie schon gesagt, Walther füttern, wenn er zur Hochform auflaufen soll!"

Walther grinst und Bruno ballt die Faust in seiner Tasche. Dieter, dessen zunehmende Nervosität am unentwegten Zerknüllen der großen weißen Serviette zu erkennen ist, sagt – und man meint, er sei eben um den Block gerannt und deshalb so atemlos:

„Walther, mach was, sofort, ich will nicht, dass Jan die nächsten Jahre im Knast sitzt, es brennt und zwar lichterloh!"

„Dieter bezahle, ich gehe telefonieren!"

Der Patrone schaut ein wenig erstaunt, denn er hat wohl die abrupte Veränderung im Gespräch der Dreiergruppe mitbekommen.

„Non si desidare dolce, oggi?"

„Scusa Patrone, unsere Welt gerät soeben aus den Angeln!"

Nach einem kurzen „kommt", eilt Walther in seinem vorne offen getragenen, hellen, gürtellosen Gabardinmantel, dessen weite Raglanärmel dem großen Mann etwas Flügelhaftes geben, aus dem Lokal.

„Lass Jans Wagen stehen, Ihr fahrt mit mir!"

„Was läuft jetzt?"

„Dein ranggleicher Oberleutnant Brandel hat in meinem Abschnitt Berlin Friedrichstraße Wochenenddienst. Ist nahe der alten Berliner Mitte – richtig? Du hast doch vorhin die Sophienstraße erwähnt. Nur über diesen, meinen Diensthabenden kann die Sache laufen. Hinter dessen Leitstelle befindet sich im Übrigen auch das Maga-zin mit dem Walkie-Talkies."

„Ab nach Kassel!"

Walther brettert mit seinem alten VW-Käfer, der hinten noch jenes berühmte Brezelfenster besitzt und dessen Räder rustikal frei, ohne Radkappen jeweils sechs angerostete Schrauben präsentieren, den Kurfürstendamm hinunter, links am hohlen Zahn der Gedächtniskirche vorbei, in die Budapesterstraße, dann die Hofjäger-Allee entlang, um den Stern mit der traurig verlorenen Siegessäule aus guten Tagen, in die Sackgasse der Straße des 17. Juni. Links liegt schattenhaft düster der kriegsgeschwärzte alte Reichstag im wild wuchernden Grün der ungepflegten Ausläufer des ehemals so stolzen Tiergartens mit all seinen ausländischen Botschaftsgebäuden, die kriegszerstört ihre Pracht verloren haben. Dann vorbei am ausgebrannten Reichstag und mit ein paar rasanten Kurvenschlägen in Sichtweite zum Grenzübergang Invalidenstraße.

Drüben strahlen die grellen Lichter des Kontrollpunktes unerbittlich auf die brutale Beschneidung einer ehemals prächtigen Geschäftsstraße. Sie fahren durch eine unauffällige Hausdurchfahrt in einen Innenhof, in dem mehrere Polizeifahrzeuge stehen.

„Was machst Du um diese Zeit hier, Du hast doch dienstfreies Wochenende", fragt der behäbig sein Essgeschirr beiseite stellende Uniformierte hinter dem Tresen als Walther mit wehendem Mantel im Gefolge zweier Unbekannter den Melderaum betritt.

„Bitte Karl, ich muss sofort mit dem OL sprechen, es ist äußerst dringend!"

„Hopsa Liesel, da scheint ja bei Dir der Krieg ausgebrochen zu sein." Er nimmt den Hörer von der Gabel.

„Der OL ist nicht sehr beglückt, aber Ihr könnt reingehen", dabei macht er eine Bewegung in Richtung einer Türe, auf der der Stern des Bundesgrenzschutzes prangt.

„Herein!" Keine Stimme zum Verlieben.

Hinter dem Schreibtisch, von einer schwach leuchtenden schwarzen Bogenlampe beschienen, sitzt ein kantiger Mann mit straff nach hinten gekämmtem dunklem Haar und blickt ein wenig ärgerlich, aber auch neugierig in die aufgeregten Gesichter der Eintretenden.

„Setzt Euch!
Was liegt an?"

Walther beginnt mit einer Entschuldigung, zu ungewöhnlicher Stunde hier vorzusprechen, aber die Erklärung hierfür wäre sehr leicht zu verstehen.

Zehn Minuten reichen, den Vorgang und die Absicht zu schildern, wobei viel durcheinander geredet wird, ohne dass der Oberleutnant auch nur ein einziges Mal unterbricht. Er hat die Ellenbogen auf den Tisch gestützt, die Fingerspitzen über der Nasenwurzel zusammengefaltet und blickt mit zwei hartgrauen Augen auf das Theatrium, was sich an einem als ruhig prognostizierten Wochenendeinsatz vor ihm abspielt.

„Es ist gleich neun Uhr und um Zehn muss ich funken! Ich bitte den Herrn Kamerad Oberleutnant mir diese erste Möglichkeit zu geben, damit meine Freunde drüben wissen, dass ich rüber gekommen bin und mein Bestes versuche!"

„Wir sind hier an der westdeutschen Grenze wohl Einiges gewohnt und in den Reaktionen sicherlich von der schnellen Truppe, aber bevor ich mich rühre, muss ich mir Rückendeckung verschaffen. Dies heißt nicht, dass ich Euch nicht helfen will, besser gesagt, wir von der Grenzsicherung entlang Eurer hirnrissigen Mauer nicht helfen wollen, wenn dies angezeigt ist."

„Warum ist der Westdeutsche nach Ihrem äußerst frechen Coup nicht zur Ständigen Vertretung der Bundesrepublik gegangen?"

„Dorthin gibt es keinerlei Verbindung, ohne dass der SSD dazwischenfunkt. Die hätten ihn zunächst einmal in Einzelteile zerlegt, mit allem Unrat, Spionage, Fluchthilfe konfrontiert oder ihm sonst etwas Unrechtmäßiges unterstellt, das hätte keinerlei Sinn gemacht, außerdem und da könnt ihr mich verfluchen und von mir aus auch später bestrafen, will ich meine kranke Mutter, die permanent mit

Medikamenten unterversorgt ist, sowie den alten Freund meines verstorbenen Vaters nicht im Stich lassen. Die haben nach dem Naziterror, Kriegsterror, Bombenterror und Bolschewistenterror noch ein paar Jahre in Freiheit verdient. Steinigt mich, wenn alles gut verlaufen ist, aber helft mir jetzt, sofort, bitte!"

„Die BND-Außenstelle Berlin, Major Brennen bitte!" Der OL spricht, hört, spricht, dann sagt er:

„Zwei Leute vom Bundesnachrichtendienst werden kommen!"

Noch einmal nimmt er den Hörer von der Gabel, legt ihn aber gleich wieder zurück und ruft durch die geschlossene Türe:

„Bellmann kommen!"

Karl Bellmann steht stramm.

„Gehen sie ins Magazin und holen zwei Funkgeräte der alten Ami-Machart AN-PRC-6, funktionsfähig mit Ersatzbatterien!"

„Der Magaziner ist im Wochenende!"

„Da hängt der Schlüssel und jetzt dalli!"

Bellmann hat begriffen, dass etwas im Gange ist, das seine vollständigen, wenn auch nicht allzu üppig angelegten Möglichkeiten erfordert.

Türen werden geöffnet und zugeschlagen. Eilige Schritte auf dem Hof.

„Wo liegt der Ausstieg genau?"

„Unter dem ehemaligen Süd-Westturm des Hochbunkers im Humboldthain. Dort gibt es unter dem angeschütteten, grünbewachsenen Trümmerschutt eine bei der Bunkersprengung aufgerissene Vorratskammer, in der während des Krieges Versorgungsgüter der Flackbesatzungen gelagert wurden und die damals nur von innen durch eine Stahltüre betreten werden konnten. Diese ist völlig verrostet und nicht mehr zu öffnen, so dass man nur von außen über einen Mauerspalt Zutritt hat, wenn man weiß, an welcher Stelle. Dann erklärt Bruno nochmals ausführlich alles, was er bereits Dieter detailliert vorgetragen hatte.

„Interessant!"

„Ihre Ausweise bitte!"

Bruno gibt ihm seinen Personalausweis und den Versicherungsausweis. . . ?

„Und ihr Dienstausweis?"

„Habe ich zusammen mit dem Parteibuch und meiner Uniform dem Westdeutschen überlassen, weil er vielleicht für kurze Zeit in meine Rolle schlüpfen muss, um eventuell unvorhersehbaren Schwierigkeiten zu begegnen. Ein durchaus hochdekorierter Oberleutnant der Grenzschutztruppe erfährt Respekt, gerade bei niederrangigen Genossen, was für die Fluchtgruppe von entscheidender Bedeutung sein kann."

„Ich fasse es nicht!" bricht es aus OL Brandel heraus, das haben Sie aber sehr engmaschig zusammengefusselt, man glaubt es kaum", und schüttelt den Kopf.

21. 45 Uhr

Bellmann stolpert förmlich in den Raum, wobei er das Anklopfen vergisst. Tatsächlich hat er zwei dieser petroleumgrünen Funkgeräte in der Hand und zeigt auf das grüne Licht an der Sprechmuschel, das die Betriebsbereitschaft anzeigt.

Draußen die Geräusche eines anhaltenden PKW´s, dessen kurzes Dröhnen man beim Passieren der Durchfahrt wahrnehmen konnte.

Zwei Männer in beigen, hüftkurzen Jacken betreten das Dienstzimmer durch die noch immer offene Türe.

„Aha, die Herren vom BND, Solbrink und Kotowski!"

„Ich habe Major Brennen fernmündlich über das Wesentliche informiert und das o.k. für einen von drüben kommenden Funkspruch, genau 22 Null, erhalten.

„Wir sind informiert und zur Unterstützung abgestellt", sagt Solbrink und Kotowski nickt.

„Dieser Herr, Oberleutnant Dietz der NVA- Sondereinheit Grenzsicherung und Kommissar des SSD wird Ihnen nach der Aktion, wie ich diesen bevorstehenden Vorgang im Moment nennen möchte, zur Verfügung stehen, was sie sicherlich nicht unerheblich interessieren dürfte!"

Bruno nimmt Bellmann eines der Geräte aus der Hand, zieht die Antenne heraus und stellt die mit Kost vereinbarte Frequenz ein und dann auf Empfang. Man lässt ihn gewähren, lediglich Solbrink nimmt das zweite Gerät und stellt dieses auf die gleiche Wellenlänge ein.

Brunos Hände zittern, der Schweiß rinnt ihm von der Stirn in die Augen, die sich brennend röten als würde er weinen.

22.00 Uhr mitteleuropäischer Zeit. Irgendwoher hört man eine Kirchenglocke läuten.

Das Gerät in Brunos Hand krächzt und dann kommt eine verzerrte, aber verstehbare Stimme:

„Grün – kommen!"

„Es ist Werner Kost, Gott sei Dank!"

„Grün –Verstanden?"

Und wieder drückt er die Empfangstaste und lauscht in das Krächzen.

„Grün – Hell-grün – Blau jetzt zwei!"

„Wer ist Blau – Zwei?"

„Hell-blau jetzt vier!"
Das Gespräch bricht ab .
„Vier? Ich weiß nur von Dreien, aber Kost wird wissen was er tut".

Bruno erklärt die Farben:
„Grün steht für – alles wie geplant, Blau für die Mutter. Hell-Blau war nicht vereinbart, aber es ist zu vermuten, dass es sich um eine jüngere Frau handelt. Hell-Grün schwächt den Idealverlauf ab."

Was hatte sich behindernd ereignet? Es gab derzeit hierfür keine Erklärung, aber die Spielräume hatten sich drüben offensichtlich verengt.

„Dietz, sie kommen jetzt mit uns, wir bringen sie diese Nacht in unserer Gästezelle unter!" Dabei grinst Solbrink seinen Kollegen augenzwinkernd an. „Die anderen Herren können wieder ins Wochenende abtauchen".

Doch Dieter wird plötzlich ganz direkt:
„Mein ältester Freund Jan van Boese ist da drüben in einer unverschuldet schwierigen Situation und ich bleibe dabei, bis ich ihn in Westberlin in die Arme schließen kann, unabdinglich, endgültig."

„Dann melden sie sich morgen um 18.45 Uhr in meinem Büro, wir werden bis dahin einiges zu tun haben."

Solbrink gibt ihm eine Karte, auf der nur dessen Name, eine Adresse und eine Telefonnummer steht.

Zu seinem Kollegen Kotowski gewandt, sagt er abschließend, was auch für den BGS gelten soll:

„Die Amis lassen wir bis Montag außen vor, die würden wahrscheinlich direkt einen ganz großen Zinnober inszenieren, das möchte ich in diesem besonderen Fall vermeiden, gilt auch für sie Brandel, o.k.?"

Frauen einer anderen Zeit

Das Treppenhaus riecht nach Bohnerwachs und einer undefinierbaren Mischung aus Essgerüchen, mehrzählig Krautgerichten zuzuordnen, nach menschlicher Ausdünstung, die sich in den Wänden festgesetzt hat und einem Hauch von Kohlestaub, der vor allem im Erdgeschoss von der offenen, ohne Schloss in den Angeln hängenden Kellerabgangstüre ausgeht.

Als sie das Haus in der Sophienstraße betreten hatten und über die kleine Differenztreppe auf das Erdgeschosspodest gelangen, öffnet sich eine der beiden Glasabschlusstüren und eine dünne Frau, deren graue Haare in Strähnen beidseitig ihres Gesichts herunterhängen und das vogelartige Gesicht noch spitzer erscheinen lassen, versperrt ihnen quasi den Weg weiter hinauf.

„Zu wem wollen Sie?" kam es übergangslos aus einem Mund voller gelber Zähne, die sich für einen Moment bis zum Zahnfleisch freilegen, als wäre die Oberlippe zu kurz. Die Schärfe in ihrem Ton änderte sich jedoch um eine Oktave, als sie die Uniform des Oberleutnants hinter Marie und Kost entdeckt.

Kost erklärt mit ruhiger Stimme:

„Mein Neffe besucht an seinem dienstfreien Wochenende zusammen mit seiner Frau die Großtante, Schwester meiner Großmutter, Frau Segebrecht!" Er war gewappnet und erkannte sofort die gefährlich unvermittelte Neugierde dieser verbitterten, einsamen Hausbewohnerin und reagiert klug. Alles hatte plötzlich seine Ordnung, und die Alte zeigt nach einem langgezogenen ‚Ahaaa' die Treppe hinauf und wünscht, man konnte es kaum glauben, in Richtung Uniform sogar noch einen schönen Abend.

„Dieses Loch ist vorläufig gestopft!" sagt Kost außer Hörweite, und sie steigen die knarrenden Stufen hinauf bis ins oberste Geschoss, wo die Treppe jedoch nicht endete, sondern eine Stiege weiter nach oben zu den Mansarden führt.

Frau Segebrecht ist klein und schmal und erinnert in ihrem ganzen Habitus an eine alte, vom harten Leben gebeugte Chinesin. Sie trägt die weißen Haare in einem dünnen Kranz um den Kopf und hat ein unwiderstehlich freundliches Lächeln, das ihr ganzes Gesicht einnimmt, als sie die Besucher begrüßt. Dann legt sie den Finger auf die Lippen, deutet nach unten und bittet mit einer einladenden Geste einzutreten. Einen Moment lang hört sie noch in das Treppenhaus hinunter, dann schließt sie die Türe mit den mattgeätzten Glasornamenten, die, auf viele einzelne Felder verteilt, von einer besseren Vergangenheit zeugen.

„Keine Bange", sagt Kost als Erstes, „den Denunziantentypus vom Erdgeschoss haben wir bereits ruhiggestellt", und deutet auf Jan.

Sie werden in ein Zimmer geführt, das sicherlich nicht lange nach der Jahrhundertwende seine Grundausstattung erhielt und vielleicht in den Dreißigerjahren nochmals – modern – nachgerüstet wurde, dann aber in der Lethargie einer schrecklichen Zeit, die noch immer anhält, erstarrte.

Ein Fernsehgerät auf vier dünnen Füßen der Marke Rafena Turnier 116 mit darunter eingebautem Radio und ein schwarzes Bakelittelefon mit gelb abgenutzten Ziffern auf einem kleinen runden Tisch mit Häkeldeckchen repräsentieren die einzigen Attribute der Neuzeit.

„Frau Dietz?" frägt Jan eine Frau mittleren Alters, die sich von einem Sessel erhebt und ihr Buch zur Seite legt. Mit einem völlig erstaunten Blick mustert sie Jan wortlos, wurde dann aber von Kost heftig umarmt und minutenlang festgehalten.

„Mein Gott, sieht dieser Junge meinem Alexander ähnlich!"

Sie sagt nicht Bruno, sondern nennt den zweiten Vornamen, den ihr Mann stets benutzte.

Jan starrt sie an und empfindet sie trotz ihres Alters jenseits der Fünfzig als eine schöne Frau mit hohen Backenknochen und einem ausgeprägten Mund, dessen Züge das frühere Lächeln aus einer guten Zeit nicht verloren hat, auch wenn sich Bitternis in der Schärfe der beidseitigen Linien erahnen lassen.

„Ist mein Alexander drüben?"

„Wir werden es um zehn Uhr erfahren, wenn der Funkspruch klappt."

„Ich habe Angst!"

„Keine Angst," sagt Kost, „bisher ist alles gut gelaufen, auch wenn ich nicht ganz sicher bin, ob nicht doch etwas durchgesickert ist. Es waren mir zu viele Kontrollen unterwegs, aber hier bei Frau Segebrecht sind wir sicher, zumal wir den Drachen unten sättigend gefüttert haben!"

„Esst etwas!"

Frau Segebrecht hat belegte Brote gerichtet und dazu eine Flasche Moselwein 1938, den sie, wie sie erklärt, eigentlich mit ihrem Mann trinken wollte, wenn er aus dem Krieg zurückkäme, aber sie habe vergeblich gewartet.

„Ich hab ihn im Keller immer kühl gelagert. Der ist bestimmt noch gut, hat damals viel Geld gekostet und ist sicher erstklassig verkorkt." Sich selbst stellt sie ein Glas

Selterswasser auf den Tisch, was bei Werner Kost einen heftigen Protest auslöst.

„Wir trinken zusammen, auf dass wir noch am Leben sind und morgen die Luft der Freiheit atmen können!"

Gut, wenn man Schwieriges schön reden kann, es hilft, auch wenn der Zweifel nagt, denkt Jan.

Marie, die sich die ganze Zeit im Hintergrund hielt, wird nun vorgestellt als hinzugekommener Teil des Unternehmens und ihr funktionierender Einsatz bei der Straßenkontrolle hervorgehoben.

„Ich schäme mich für meinen Sohn, der Sie in diese Situation gebracht hat, aber ich verstehe ihn nach all dem, was er zuerst mit Vater und später selbst erfahren musste. Ich bitte Sie um Verzeihung!"

Dann sprudelt es aus ihr heraus, ungewöhnlich, gemessen an ihrer, von Kost bereits vorab angedeuteten sonstigen Schweigsamkeit, die im Angesicht des Außergewöhnlichen plötzlich ein Ventil öffnet.

„Mein Mann ist vor fünf Jahren gestorben, man könnte sagen, leise verendet. Er lag eines Morgens tot im Bett, mit einem Ausdruck des Friedens im Gesicht, seine Arme nah am Körper, so als wolle er auch in diesem endgültigen Abschied eine gute Figur machen. Sie haben ihn langsam ermordet!"

Und sie spricht weiter, wie zu sich selbst:

„Welche Freude als er nach dem Krieg, gleich im Spätjahr 1945, aus dem Militärkrankenhaus der Sowjets zurückkam und sich im Aufbau der gesundheitlichen Versorgung des Nachkriegsberlins in den ersten wieder hergestellten Räumen der zerstörten Charité engagieren konnte. Seine ganze Hoffnung galt den Ideen des Kommunismus im Schaffen einer neuen Gesellschaft, begründet nach dem Prinzip der Freiheit des Geistes und des gleichen Rechtes für alle.

Er konnte mit Professor Sauerbruch bis zu dessen Pensionierung 1952 arbeiten, was ihn sehr beglückte. Alles ging eine Zeit gut, bis die Reglementierungen und Zwänge der neuen Zonenregierung, später Staatsführung, mehr und mehr zunahmen, denen man sich unterzuordnen hatte und den freiheitlichen Grundrechten diametral entgegenstanden.

Verstaatlichung von Privateigentum, Kolchosenbetriebe auf enteignetem deutschen Land alteingesessener Bauern für ein anonymes Kollektiv, und andere, immer neue Bestimmungen, waren für meinen Mann unvertretbar und später nicht mehr tragbar. Dazu gesteuerte Pressedarstellungen mit dümmlichen Aussagen wie ‚Die Partei hat immer recht' so wie einst im unsäglichen tausendjährigen Reich bei der NSDAP und dazu die zunehmende Hetze gegen alles Westliche.

Ein Mosaikstein kam zum anderen, brach vom Turm seiner so himmelhochstürmenden Ideen Stein für Stein ab, und mein Mann begann wortkarg zu werden. Schlimm waren für ihn vor allem die neuen Staatsrepräsentanten, die er nicht nur als Marionetten, sondern auch als Verräter an Deutschland bezeichnete, spätestens nachdem bekannt wurde, dass Walter Ulbricht, der Generalsekretär der SED und Staatsratsvorsitzender der DDR, den er manchmal in besonderer Bitternis verächtlich ‚Sowjetzonen-Häupling' nannte, im Krieg in russischer Uniform in den Schützengräben der Sowjets vor Stalingrad propagandistisch agiert hatte.

Dazu kam, dass er diesen Antipoden jedwede Intelligenz absprach, sie als unakademische, aufgeblasene ‚Nichtse' bezeichnete und dabei leider nicht immer genug Zurückhaltung übte, seiner tiefen Enttäuschung über das neue Staatswesen Ausdruck zu geben.

Er wurde nach dem Weggang von Sauerbruch von der Charité ‚entfernt' und an ein kleineres Krankenhaus am Prenzlauer Berg nahe dem Nordmarkplatz versetzt. Alexander, seinen einzigen Sohn, hatte er anfänglich motiviert, dem neuen Staat zu dienen und seine Militärkarriere gutgeheißen.

Später gab es erhebliche Auseinandersetzungen zwischen den beiden, denn Alexander war noch weit von den zunehmenden Erkenntnissen seines Vaters entfernt und allmählich brach zwischen den Beiden die große Schweigsamkeit aus."

Niemand unterbrach diesen schmerzlichen Bericht eines enttäuschten Lebens, so dass Frau Dietz nach einer kurzen Pause fortfährt:

„Mein Mann hat die Einsicht und den gedanklichen Umbruch von Alexander nicht mehr erlebt, aber dafür vor seinem Tode sicherlich in seinen Niederschriften den Grundstock für ein verändertes Denken seines Sohnes geschaffen, das sich allmählich in Alexander festsetzte und einen alternativen Wahrnehmungsprozess einleitete, dessen Auswirkung wir heute, jetzt und morgen Nacht, erleben, erdulden, riskieren, tragen müssen, um all den vergangenen Jahren vielleicht doch noch einen Sinn zu geben!"

Im Zimmer ist es ganz ruhig geworden, bis Kost das Wort ergreift und erklärt:

„Wir sollten uns jetzt auf das Nächstliegende konzentrieren. Zweiundzwanzig Uhr heute Nacht erwarten wir den entscheidenden Funkspruch von Bruno, dann haben wir den ganzen morgigen Sonntag Zeit, alles nochmals zu bedenken bis zum vereinbarten Fluchtzeitpunkt, wiederum um 22.00 Uhr, am Nordbahnhof.

Dort fährt die S-Bahn von Westberlin nach Westberlin, von Görschen nach Gesundbrunnen im Schrittempo durch den unterirdischen Bahnhof, hält aber nicht. Auf dem Bahnsteig stehen rund um die Uhr VOPO's, damit ja keiner aufspringt. Nahe dem Bahnsteig beginnt unser eigentlicher Fluchtweg durch den Untergrund in die Freiheit.

Ich informiere Euch jetzt über alle weiteren Einzelheiten des Planes: Wir müssen zuerst in den Gleistunnel absteigen, dazu benutzen wir einen alten Wartungszugang. Dann geht es mit Taschenlampen, die wir unabdinglich benötigen, um uns im dunklen Tunnel und in den Nebenschächten zurechtzufinden, nach Planskizze weiter. Ich habe vier Lampen, eine war als Reserve gedacht, aber jetzt ist sie für Marie, alle mit Ersatzbatterien hier in meinem Rucksack. Nach etwa 400 Metern im Gleisbereich, bis kurz vor der überirdischen Weiterführung der S-Bahntrasse in Richtung Gesundbrunnen, gibt es auf beiden Seiten mehrere kleine Arbeitstunnelabgänge im Bereich des letzten Tiefbereiches. Wir müssen uns in jedem Falle rechts, also nordöstlich halten. Der richtige Zugang ist mit einem kleinen, weißen F am Scheitelpunkt des gemauerten Rundbogens markiert, den dürfen wir nicht verfehlen, sonst sind wir ‚am Arsch'!" Wieder drückt sich Kost so drastisch aus, weil ihm wohl selbst die Angst im Nacken sitzt und die Überbetonungen provoziert.

„Die anderen falschen Seitenabgänge sind ebenfalls mit Buchstaben kenntlich gemacht und zwar aus den Zeiten der Bauphase oder während des Krieges zur Richtungsweisung in ausgebaute Bunkerräume, die man im Bereich von U- und unterirdischer S-Bahn-Stationen angelegt hat.

Das F aber haben die Stasi-Fritzen kultiviert und an allen Wegeverzweigungen der Verbindung nach Westen angebracht. Dieses F, das ich als Fluchthilfe apostrophieren möchte, soll uns durch die unterirdische Welt, bestehend aus Gleistunneln, Abwasser- oder Versorgungskanälen, Zugängen zu Schutz- oder Lagerräumen, Pumpenkanälen und anderen Kriechgängen in die Freiheit führen. Es gibt nach Brunos Aussage eine Vielzahl von Tunnelverzweigungen, von denen er als SSD-Mann weiß, wobei die meisten, die nach dem Westen führen, zugemauert oder zusammengebrochen sind, was sich jedoch ohne Anspruch auf Vollständigkeit der Angaben versteht. In jedem Fall wurden beim Bau der fast parallel laufenden beiden U-Bahnlinien Alex nach Gesundbrunnen, beziehungsweise vom Hallschen-Tor nach Wedding und bei der unterirdischen ebenfalls Nord-Süd verlaufenden Trassenführung der S-Bahn vom Potsdamer Platz zum Gesundbrunnen ein ganzes Netz von technisch erforderlichen Querverbindungen für die bereits erwähnten Verwendungen geschaffen, von denen wir einige nutzen werden. 1941/1942 haben die Nazis den Flakbunker im Humboldthain gebaut, der nach dem Krieg teilweise gesprengt wurde. Vor allem den Südturm, den sie ‚Leitturm' nannten, ist weitgehendst zerstört, aber nicht vollständig, denn dort ist unser Ausstieg unter den Trümmern, der vom Stasi offensichtlich raffiniert getarnt wurde, wie Bruno berichtete. Die Planer und Realisierer des Bunkers, ich glaube es waren Leute von der Organisation Todt, haben den Flakkameraden Rückzugsmöglichkeiten unter der Anlage geschaffen und diese offensichtlich mit dem bestehenden Netz aus den verschieden Funktionskanälen verbunden. In der alten Planskizze, die Bruno organisierte, ist unser Weg rot eingezeichnet. Macht Euch damit vertraut, dass wir unterirdisch annähernd eineinhalb Kilometer zurücklegen müssen, es da unten alles andere als gemütlich ist und sicher nicht nach feiner Küche riecht. Du, Jan bleibst in der Uniform, man kann ja nie wissen, und wenn dieses Prunkstück verdreckt oder zerreißt, ist das der richtige Weg, der dem verfluchten Kommunistenkleid zukommt. Ihr Damen zieht Euch etwas Robustes an und vor allen Dingen gute Laufschuhe!"

Es ist 22.00 Uhr.

Zuerst hören sie ein Kratzen als würde man Haselnüsse mahlen, dann schreit Kost überlaut:

„Grün kommen", und schaltet auf Empfang – Rauschen und jetzt ganz deutlich Brunos Stimme:

„Grün verstanden!"

Kost kippt den Schalter auf senden und schreit:

„Grün – Hellgrün – Blau jetzt zwei!"

‚Hellgrün', um ein Zeichen zu geben, dass man ihnen eventuell auf der Spur ist, insoweit die verstärkten Kontrollen um Berlin etwas Außergewöhnliches vermuten lassen und ‚Blau jetzt zwei', um nochmals die Vergrößerung der Gruppe zu signalisieren.

Alle denken das Gleiche – hoffentlich bricht die Verbindung nicht ab. Dann wieder Bruno mit vielen Fehlgeräuschen und Stimmen im Hintergrund:

„Wer ist Blau zwei?"

„Hellblau – jetzt vier!"

Die Nachrichten von beiden Seiten gehen verschlüsselt über den vereinbarten Farbcode durch den Äther, und Brunos erfolgreiche Flucht ist damit definitiv gesichert und allem Anschein nach auch die Vorbereitungen auf den Empfang der Fluchtgruppe.

Dann Rauschen und der Apparat bleibt in den zitternden Händen von Kost stumm. Sein Gesicht hat jetzt einen geradezu verklärten Ausdruck angenommen.

„Mann, wir packen es", und er krallt seine Hand in Jans Ärmel, der noch immer an den Traum mit dem Erwachen glauben möchte, jedoch spätestens jetzt wieder fast schmerzhaft in die Wirklichkeit zurückkommt.

Frau Dietz hat beide Hände vor die Brust gelegt:

„Mein Junge ist drüben", und in ihrem Gesicht löst sich eine Spannung, von der es die ganze Zeit gezeichnet war.

„Geht schlafen, Frau Segebrecht hat Euch die alten Wäschekammern unterm Dach hergerichtet, es wird für eine Nacht gehen. Schlaft aus, wir haben einen langen, nutzlosen Sonntag vor uns, und so gesehen auch einen etwas zu langen nicht in dieser Weise kalkulierten Zeitraum, der uns gefährlich werden kann, zu überbrücken."

„Ihr hättet die Aktion schon heute Nacht durchführen sollen, um das Entdeckungsrisiko zu verkleinern. Vielleicht sind sie Euch tatsächlich auf der Spur."

Es ist Frau Segebrecht, die alte Dame, die alle Unbillen ihres bewegten Lebens in außergewöhnlichen Zeiten überstanden hat, welche diese sicherlich nicht ganz falsche Anmerkung ausspricht und Kost damit ein wenig aus seiner Euphorie herunter auf die harte Erde zurückbringt.

„Der Sonntag war von Bruno als Toleranztag eindisponiert, sollte er drüben in den Vorbereitungen Schwierigkeiten bekommen und dafür diesen Tag benötigen. Niemand konnte ahnen, dass er offensichtlich in kürzester Zeit Helfer gefunden hat."

Nachttraum

Plötzlich ist sie neben ihm, presst ihren warmen Körper an ihn und beginnt, ohne einen Laut von sich zu geben, übergangslos sein Geschlecht zu liebkosen. Sie hat Hände, die ihn in Sekundenbruchteilen in eine andere Welt führen. Das, was er empfand als er Marie zum ersten Mal sah, nicht Liebe, sondern spontanes Verlangen, setzt sich im Taumel einer Lust fort, die er so noch nie erfahren hat. Ihr Körper, ihre Bewegungen, ihr Atmen, die kleinen spitzen Laute, die sie immer wieder ausstößt, ihr Besitzergreifen, Verschlingen, Hingeben, Fordern, Nehmen umfasst alles, was einen Mann, egal welche Umstände ihn umgeben, in die vollkommene Körperlichkeit zwischen Mann und Frau führt. Es gibt keine Ermattung, die der Regel nach dem Höhepunkt der Vereinigung folgt. Marie lässt ihm keinen Spielraum, entfacht seine Lust aufs Neue, und Flammen breiten sich in beiden Körpern aus, die ihn in den lustvollen Erlösungen bis an eine ihm bisher unbekannte Schmerzgrenze führen. Sie spürt es und löst sich ganz langsam aus der Bindung.

Mit leisen Schritten auf nackten Sohlen huscht sie zurück in ihre Kammer, und er ist alleine in der Mansarde des ehrwürdig gealterten Hauses, um ihn herum der Atem eines halben Jahrhunderts.

Jeder der vier Fluchtwilligen hat eine kleine Kammer für einen erholsamen Schlaf, um den nächsten Tag zu bestehen, aber die Anspannung lässt sie kaum zur Ruhe kommen.

Dünne schwarze Linien von durchhängenden, quer zum Raum laufenden Drähten durchqueren das sich im schwachen Mondlicht abzeichnende kleine Dachfenster, welche einst oder vielleicht auch heute noch dem Wäschetrocknen dienen. Jan liegt auf dem Rücken und spürt an seinem Penis noch immer die schmeichelnde Umklammerung der Scheide einer Frau, die erst vor wenigen Stunden in sein Leben getreten ist wie ein menschgewordener Engel, von irgendeiner der kleinen, weißen Wolken des vergangenen Tages heruntergeschwebt.

Der Holzverschlag, der ihm als Schlafraum dient, ist kalkweiß gestrichen. Es ist jene sogenannte Feuerschutzfarbe, die man im Krieg in den Dachgeschossen, Speichern, Holzremisen aufgetragen hatte und die dem Feuersturm der Bomben widerstehen sollte, den die bündelweise abgeworfenen Brandstäbe alliierter Bomber entfachten. Der hilflose Anstrich war wirkungslos, erst recht gegen den teuflischen Vernichtungsschleim brennenden Phosphors, der Menschen in Sekunden zu kleinen schwarzen Ascheklumpen zusammenschmelzen ließ.

Welch ein Frevel, was Menschen in gegenseitiger Erbarmungslosigkeit anderen Menschen antun!

Die Traurigkeit eines sonnigen Sonntags

„Ich glaube mit diesem antiken Rasiermesser schneide ich mir die Wangen in Streifen."

Jan dreht das ihm zwar bekannte und von den Barbieren heute noch benutzte Gerät mit leichter Verzweiflung in seinen Händen hin und her, ist sich aber im Klaren, dessen Handhabung, welche Frau Segebrecht ihm gerade ausführlich beschrieben hat, kaum beherrschen würde.

„Mein Mann hat sich damit ein Leben lang rasiert und sich meines Wissens nie damit geschnitten. Nehmen Sie diesen flachen Ziehriemen, hängen die obere Schlaufe in den Fensterriegel, ziehen ihn mit der anderen Hand schräg zu sich und dann die aufgeklappte Klinge abwechselnd auf beiden Seiten der Schneide darüber. Das gibt eine sanfte, aber extrem wirksame Schärfe, die aus Ihnen einen gepflegten NVA-Offizier macht. Ich habe auch ein frisches weißes Hemd für Sie, denn Kleider machen Leute, wie schon seine Seligkeit Friedrich Schiller so treffend und zeitlos gültig formulierte, auch wenn es eine verfluchte DDR-Uniform ist."

Bei der letzten Anmerkung wird ihr Mund bitter, und sie wendet sich der unterbrochenen Zubereitung des Frühstücks zu.

Kost hatte seinen Rasierapparat vergessen und meinte, bei ihm käme es auf einen guten Eindruck nicht an.

Marie begegnete ihm beim Wechsel der Badezimmerbenutzung unter der Türe mit einem Handtuch um den Kopf, da sie offensichtlich die Haare gewaschen hat. Ihr Blick streifte ihn, und es liegt etwas Triumphierendes darin, etwas, das eine tiefe Freude nur mühsam verbirgt wie ein wertvolles Kleinod, das in ihr eingepflanzt ist und ihr nie mehr genommen werden kann.

Der Drachen steht vor ihrer Glastüre und deutet auf seinen Hemdkragen:

„Da ein Blutfleck – hat sich der Herr Oberleutnant beim Rasieren geschnitten?"

Er hätte dieses boshafte Wesen ob ihrer Aufdringlichkeit erwürgen mögen.

„Sie tragen ja gar keine Eheringe."

Marie kneift ihn bevor er etwas sagen kann in den Arm und vermerkt zu Jan gerichtet:

„Die sollten wir am Montag nun wirklich schnellstens abholen, die Gravur müsste längst fertig sein."

Sie lächelt den gierigen, ständig Unrat witternden Saugnapf, einer vom Leben unter ständiger eigener Mitwirkung gezeichneten Frau, entwaffnend spöttisch an und gewinnt spätestens in diesem Moment eine unverzeihliche Feindin, die ihr jedoch als solche mit großer Sicherheit nicht mehr begegnen konnte, würde – oder vielleicht doch?

Kost bleibt bei den Damen, vor allem um jedwede Aufregung, die sich im Laufe des Tages in der Vorausschau auf die Unternehmung der kommenden Nacht hätte aufbauen können, abzufangen.

Frau Segebrecht, das achtzigste Lebensjahr überschritten, würde sich kaum noch erschrecken lassen, sonst hätte sie sich nicht dazu bereit erklärt, den Fluchtwilligen Unterschlupf zu gewähren. Was wollte man ihr noch antun, die sie all die Unglaublichkeiten des Jahrhunderts erlebt und durchlebt hatte.

Aber Frau Charlotte Dietz, noch nicht zu alt für ein zweites Leben, noch in der Hoffnung auf eine Wende ihres Daseins zum Guten, wie immer diese aussehen mochte, hatte die Stabilität und den Optimismus jüngerer Jahre durch das erlittene Zerbrechen einer Illusion im engsten Familienkreis und im erzwungenen Leben des Umgebenden verloren. Die frühere Kraft war aus ihr geflossen wie aus einem Gefäß, das in der permanenten Benutzung undichte Stellen bekommt und der wertvolle Inhalt unaufhörlich in den Sand tropft, um dort unwiderbringbar zu versickern. Ihr Nervengerüst war dünn geworden. Die von ihrer Mutter übertragene Sensiblilität liegt nahezu ungeschützt direkt unter der noch immer beherrschten Decke ihres Körpers, und dennoch verblieb im Hintergrund ihres Gesichts die Anmut der guten Jahre.

Kost hatte ihr heute morgen ein homöopathisches Beruhigungspräparat gegeben, das er unter anderem in seinem HO-Laden, mangels einer ausreichend bestückten Apotheke vor Ort, zusammen mit anderen einfachen Arzneien führen durfte.

„Werner fahre den Wagen zum Koppenplatz, dort stellen auch andere ihre Blechkisten ab", sagt Frau Segebrecht, die Kost, wie auch Frau Dietz, mit Vornamen anspricht:

„Es ist besser, er steht nicht in unserer direkten Nähe, man weiß nie, und der Tag ist noch lange."

„Schau Dir den erbärmlichen Stängel mit der Kugel an, der alles überragt und als Fernsehturm den weit sichtbaren Leistungshöhepunkt dieser maroden Republik darstellen soll. Dreihundertfünfundsechzig Meter hoch, jedoch noch nicht ganz fertig. Die Kugel als Kniefall vor dem sowjetischen Sputnik, aber das Material müssen sie im Westen bei ihren Intimfeinden, der BRD, bei den Schweden, Belgiern oder sonst woher einkaufen, diese armseligen Würstchen."

In Maries Worten liegt eine ungeheuer aufgestaute Verachtung, die auch ihren spontanen Wunsch zur Fluchtbeteiligung erneut bestätigte.

Sie lacht, wirft den Kopf zurück und strahlt ihn an. Sie ist ihm körperlich so nahe und doch so fern. Würde er die Augen schließen und sie umarmen, würde sein Körper alles wissen, aber die Sonne dieses traurigen Sonntages im Verharren vor dem unbekannten Kommenden, erzählt anderes. Er kennt diese blühende junge Frau nicht, weiß nichts außer dem, was er auf seiner Haut von den Berührungen der Nacht noch immer spürt.

„Die Berliner haben auch im Kommunismus ihren ganz speziellen Humor nicht verloren und dem Ding einen Namen gegeben. ‚Fernsehspargel' nennen sie das monumentale Vorzeigesymbol und sie werden, wenn es fertig ist, sich sicher noch einen Zusatz einfallen lassen" und Marie ergänzt:

„Den Jungpionieren, die neben meiner ehemaligen Arbeitsstätte ihre Treffen abhielten, hat man schon ein Lied über den Turm als ‚siegerhaftes Symbol des Sozialismus' einstudiert mit einem wahren Idiotentext:

Der Fernsehturm ist groß und schlank, groß und schlank, groß und schlank, und hat ein Bäuchlein blitzeblank, Bäuchlein blitzeblank. Da ist kein Magen drin, nee, nee, nee sondern ein Fernsehturmcafé, groß und schlank, blitzeblank.

Sie lacht jetzt aus vollem Hals.

„Volldeppen!"

Wobei sie sicherlich nicht die Jungpioniere meint, sondern diejenigen, welche sich einen solch einfältigen Text erdacht haben. Frau Segebrecht empfiehlt, das Pergamonmuseum zu besuchen.

„Dort seht Ihr die Schönheit einer Kultur der von Menschenhand unwiderbringbar geschaffenen Kunst, weit entfernt von den Niederungen unserer Zeit. Ist zwar alles geklaut, was eigentlich dorthin gehört wo es in der Antike stand, aber der Mensch als Jäger und Sammler will haben, besitzen, das war immer so und wird immer so bleiben. Ihr könnt Euch dann unter den Linden die Clowns mit Helm und Gewehr anschauen, die bei der Alten Wache stehen, und wenn Ihr Pech habt, die Wachablösung miterleben, wo sie mit geschwungenen Beinen in billigen Knobelbechern das Zeremoniell der englischen Königsgarde vor dem Buckingham-Palast zu imitieren versuchen. Die Lindenbäume sind alle neu gepflanzt und aufgereiht bis hin zum Pariser Platz und besänftigen den verheerenden Eindruck des Blickes auf das Brandenburger Tor, hinter dem die graue Mauer schlecht aufgesetzter Blocksteine das Ende unserer kleinen Welt darstellt. Dort laufen sie hin und her, die uniformierten Knechte, die in ihrer Jugend meist noch im Glauben an das Gute ihres Tun sind.

Wenn Ihr Lust und Zeit habt, schaut Euch noch den sogenannten Palast der Republik am Marx-Engels-Platz an, und es wird Euch speiübel über die Anmaßung, diesen Kasten als ‚Palast' zu bezeichnen, umsomehr als sich der Sozialismus mit den Begriffen Bescheidenheit, Gleichheit und Brüderlichkeit schmückt. Dreht Ihr Euch um und geht in die Straßen, dort seht Ihr das Gleichsein in den Trümmerbergen, wo die Menschen in notdürftig hergerichteten, halbzerstörtern Häusern wohnen, viel schlimmer als ich es hier in der Sofienstraße habe. Nichts geht zusammen, alles triftet auseinander, verliert sich in großen Sprechblasen und Gesten der mächtigen Zwerge, wenn sie sich dem Volk präsentieren."

Jan ist vom klaren Denken dieser alten Dame beeindruckt, die sich wohl endgültig auf den Stuhl des Beobachtens zurückgezogen hat, an der die Dinge unbeeinflussbar vorbeiziehen, registrierend zur Kenntnis genommen werden, ohne einen bleibenden Eindruck zu hinterlassen.

„Wie wenig wissen wir im Westen vom fühlbaren Leben hier hinter den Mauern und den Stacheldrahtzäunen, ja es ist sogar für mich, neben all dem, was mit mir geschieht, gut, dieses zu erfahren!"

Und Jan denkt weiter:

„Wir sind in unserer ‚Wirtschaftswunder-Euphorie' schon ein wenig eingedickt, Augen und Ohren auf das Neue, Schöne ausgerichtet und bleiben hinter den so gänzlich anderen Realitäten, die in unserer direkten Nähe stattfinden zurück. Wir nehmen es zur Kenntnis, aber es berührt uns nur im Ausdruck von Phrasen – darüber, dass es uns für die da drüben oder denen hinter dem Eisernen Vorhang leid tut, andererseits müssen sie sich halt wehren, das haben andere vor ihnen auch getan.

Vor Ort erlebt, ist diese Denkweise wahrhaft ein egoistisch, geradezu arrogantes Herausmogeln aus einer zweifelsfrei gegebenen Mitverantwortung!"

Als sie das Pergamonmuseum verlassen, rollt quitschend, besser gesagt rumpelnd, auf ausgefahrenen Schienen ein altersgelber Straßenbahnwagen Linie 71 vorbei. Vorne steht ein Fahrer, nein, es ist eine Straßenbahnführerin, die Hand auf einem gebogenen Hebel mit Knauf, darunter seitlich ein größeres vertikales Rad ähnlich einem Steuerrad bei einem kleinen Schiff und hin und wieder tritt sie mit dem rechten Fuß auf das Pedal und der Warnklingelton ertönt, um vielleicht die Langeweile des fast leeren Wagens auf den gleichermaßen fast leeren Straßen ein wenig zu beleben.

Eine verkrüppelte Stadt aus der Verwirrung des Menschenmöglichen entstanden. Was bleibt, ist ein kleines Fenster am schmalen Hoffnungshorizont auf eine, wie auch immer geartete Verbesserung ihres Daseins, der die Betroffenen weiterträgt.

Anders sieht es unter den Linden aus, der ehemaligen Prachtstraße, die entlang der Bürgersteige und beidseitig der mittleren Fußgängerallee, tatsächlich mit jungen Lindenbäumen bepflanzt ist. In erstaunlich dichten Reihen parken beidseits des mittleren Flanierweges PKWs, mehr oder weniger stolze Produkte der Oststaaten. Da sieht man, neben den Volkswagen der DDR, den Trabant und den Wartburg, den russischen Moskwitsch oder tschechischen Skoda, Tatra 87 – Vorkriegsmodell – versteht sich. Alle in den leblos müden Farben der Selbstbegrenzung oder als Ausdruck schlichter kommunistischer Einfallslosigkeit, jenseits eines Funkens von Vision einer in Freude lebbaren Zeit. Andere Limousinen, meist russischer Bauart, verharren ganz in mattem Schwarz, das ängstlich macht.

Es ist Sonntag und man unternimmt einen kleinen Ausflug, so wie man es immer getan hat und das ist, bei aller Tristesse, gut so.

Als sie am Ende der einst so stolzen Straße auf das Brandenburger Tor treffen, das links und rechts ohne einen Gebäudeanschluss nackt den Straßenraum begrenzt, gerät Jan für einen Moment im Anblick der direkt dahinter errichteten Mauer der Unvernunft, des Gefangenseins in der Hilflosigkeit einer Scheinmacht, die der Mensch in dieser Begrenzung nicht erträgt, in Panik.

Wenige einhundert Meter und er wäre in der Freiheit. Er sieht drüben im Westen wiederum beidseitig, aber an den äußeren Rändern der gleichen Straße, die hohen Bäume des Tierparks und direkt davor Menschen, die offensichtlich von hohen Podesten aus auf den Menschenzoo, in dem er jetzt selbst gefangen ist, blicken und dabei für ihre Lieben daheim Erinnerungsfotos schießen.

Jan steht wie angewurzelt, will laufen, springen, schreien ‚lasst mich raus aus diesem Albtraum, ich habe hier nichts verloren, löffelt doch Euere Suppe selbst aus, die ihr so geflissentlich gekocht habt', aber er kann nichts tun als erstarrt die unwirklich anmutende Wirklichkeit zur Kenntnis zu nehmen. Natürlich wird er in seinen soeben verzweifelten Gedanken den Menschen der DDR nicht gerecht, die nach dem verheerenden Krieg und nachfolgender Zerteilung Deutschlands am Verhandlungstisch der Siegermächte, das Pech hatten, auf der weniger angenehmen Seite leben zu müssen.

Drei Soldaten, die an dem jungen Paar vorbei gehen, grüßen respektvoll. Sie drehen sich nochmals um, sind verwundert über das flüchtige Zurückgrüßen des ordensdekorierten Oberleutnants oder ist es Marie, der ihre Blicke gelten.

„Dort rechts auf unserem Rückweg gibt es ein Restaurant!"

Marie zieht ihn am Arm. Sie hat seine Gedanken der kurzen, jedoch unüberwindlichen Distanz zur Freiheit durchaus begriffen und die zunehmende Erschwernis seiner Rolle als Militär in einer ihm so unglaublich fremden Welt verstanden. Sie ahnt auch seine zunehmende Bewusstseinsspaltung und fürchtet sich vor einem Zusammenbruch des angehaltenen Atems, vor einer alles zerstörenden

Eskalation des nicht mehr Könnens, der Auflösung der Kraft, im endlichen Verbrauch existentieller Erfordernisse, diese eine, so entscheidende Nacht zu überstehen.

„Kühler Krug oder ‚Zum Krug' oder was weiß ich, heißt das anvisierte Lokal."

Davor hat sich um die Mittagszeit eine Menschenschlange gebildet.

„Das Restaurant ist ja nur halbvoll und die Leute stehen draußen und warten auf Einlass, was soll das?"

„Die Ober sind die Herren dieser kleinen Idiotenwelt und wollen sich nicht überanstrengen. Sie lassen immer nur so viele Gäste hinein, dass sie nicht ins Schwitzen kommen, Dreckskerle, Faulenzer!"

„Das kann doch nicht wahr sein."

„Ist aber so, kenne ich von anderen vergleichbaren öffentlichen Einrichtungen. Ist ein Teil der Verselbstständigung einer maroden Gesellschaft, die nur noch in plakativen Aktionen protzen kann."

Jan bewundert Maries nüchterne Feststellungen von etwas, das hier im Kleinen deutlich wird und sich wahrscheinlich auf das Große übertragen lässt. Die junge Frau war alles andere als auf den Kopf gefallen, pragmatisch nüchtern, durch jahrelanges Erleben geprägt erkennt sie analytisch die Wucherungen entpersonifizierter Gegebenheiten, die in der Willkür Einzelner ihren Ausdruck finden.

„Hast du Westgeld, DM?"

Jan hatte Brunos Portemonnaie in der rechten Gesäßtasche der Uniformhose. In seiner Beintasche verbleiben 200 DM als eiserne Reserve, das Restgeld hat er in seine linke Uniformjackentasche gesteckt, einfach so für einen schnellen Zugriff. Die Kopien seiner BRD-Papiere ruhen kleingefaltet in der linken oberen Brusttasche.

„Ja, was willst Du damit?"

„Gib mir einen Zwanzigmarkschein!"

Das Außenfenster des Lokals reicht fast bis zum inneren Fußboden herunter, beginnt also etwa in Hüfthöhe vom Gehsteig aus betrachtet, daneben die Differenzstufen zum Eingang. Sie nimmt den Schein, geht an das Schaufenster und hält das Stückchen Wertpapier flach an die Scheibe. Nicht lange, dann blickt einer der Ober streng nach draußen und sein Blick erhebt sich langsam auf das junge Paar, die hübsche junge Frau mit dem etwas seltsam wirkenden Oberleutnant.

Er spricht kurz mit seinem Kollegen, dann geht er zur Tür, öffnet sie und ruft:

„Herr Oberleutnant hatten einen Tisch reserviert."

Marie zwinkert Jan zu und sie gehen an den ärgerlich Wartenden vorbei ins Lokal an ein schon fast gemütlich wirkendes Tischchen im Hintergrund des Raumes. Der Zwanzigmarkschein verschwindet unauffällig in der Hand des Obers, der jetzt fragt, ob man etwas zu feiern habe, er könne einen exzellenten Riesling aus der Umgebung von Freyburg an der Unstrut servieren.

Jan hatte keine Information darüber, dass es noch ein anderes Freiburg gibt als seine Heimatstadt.

„Schreibt sich mit Y", sagt Marie und lächelt ein wenig triumphierend.

„Bezahlen Sie mit Westdevisen?"

„Ja wenn es recht ist!"

Das Essen war trotz der Verlockung nach westdeutscher Mark miserabel, wahrscheinlich weil der Koch von den kleinen Vorteilen, welche die Ober sich herausnahmen, nichts abbekam.

Der Wein bringt ihnen jedoch, nachdem sie die zweite Flasche, dieses Mal auf Wunsch besser vorgekühlt, angetrunken hatten, in eine wohlige Redseligkeit, die vorübergehend die Verkrampfung ihres Seelenzustandes löst.

Marie erzählt, sie wäre in der Kleinstadt Templin in der Uckermark, mit den umgebenden, bis in die Stadt hineinwachsenden ‚langen' Seen und der großen historischen Geschichte aufgewachsen. Mutter sei während des Krieges und auch danach dort als Bibliothekarin in der Stadtbücherei angestellt gewesen, bis sie 1965 bei einem Unfall mit durchgehenden Pferden eines landwirtschaftlichen Gespannes ums Leben kam.

„Mein Vater war Pole namens Marcel Szirpionski, ein gebildeter Mann, der jedoch als Zwangsarbeiter im Krieg nach Deutschland deportiert, im Keller der Stadtbücherei die Technik zu beaufsichtigen hatte. Gemeinsame Interessen für Literatur, die meine Mutter gesprächsweise bei ihm entdeckte, führte zu einer Liebesbeziehung mit Schwangerschaft kurz vor Kriegsende im April 1945. In den Wirren der letzten Kriegstage verschwand Szirpionski und tauchte nie mehr auf, wahrscheinlich ist er umgekommen.

Meine Mutter hat ihn geliebt und ihn als guten Menschen beschrieben. Im Warten auf seine Rückkehr zog sie sich von allem zurück, zumal man ihr bösartigerweise die Verbindung mit einem Polen negativ anrechnete. Auch mir riefen sie immer wieder einmal ‚Wasserpolak' hinterher, aber das hat mich eher stark gemacht, und ich ließ es diese Kleingeister auf meine Weise spüren.

„Und was war deine Weise?"

„Ich habe sie abgepasst wenn sie alleine waren und mit einem Lattenstück verprügelt, bis sie grün und blau waren! Es gab einen Elternaufstand, aber mir konnte man nichts beweisen. Dann bekamen sie allmählich Angst vor mir und schlussendlich hofierten sie mich sogar, und der Wasserpolak war endgültig verschwunden."

„Respekt sage ich, mein Freund Dieter würde wahrscheinlich wieder einmal in seinem besonders eigenen Humor ‚entzückend' sagen und dann seine Einstellung zu Ausländern in Deutschland am Beispiel der Inder demonstrieren, indem er gewöhnlich erklärt, er möge die Inder sehr, er würde sie sogar geradezu lieben – und dann erhebt er in der Regel die Stimme zu voller Lautstärke, wenn er hinzufügt – aber nur in Indien!

In Wirklichkeit denkt Dieter nicht so. Er ist äußerst liberal eingestellt, und in ernsthaften Gesprächen bringt er immer wieder zum Ausdruck, dass alle Menschen gleich seien, es gäbe nirgendwo Bessere oder Schlechtere."

Marie lächelt:

„Mutter hat im sogenannten ‚Dritten Reich', gleich nach der Bücherverbrennung 1933, jedweden Kontakt zu den Nationalsozialisten abgelehnt, obwohl sie 1943 in die Partei eintreten musste, um ihren Arbeitsplatz nicht zu verlieren. Für sie war dieser Schritt reiner Zweck und mit großer Verachtung belegt.

Ich habe 1963 Abitur gemacht und wollte Medizin studieren, musste jedoch vorab eine praktische Zeit in einer landwirtschaftlichen Produktionsgenossenschaft ableisten, was mich nach Golzow verschlug. Schnell, zu schnell wurde mir klar, dass ich in diesem kleingeschissenen Staat" – und sie wählte tatsächlich diese gleichermaßen drastische Wortformulierung, wie Kost es in ähnlichem Zusammenhang getan hatte – „keine Zukunft haben werde und warte seither auf eine Gelegenheit, wegzugehen. Dann traf ich Dich an der Kirche und spürte sofort, dass mit Dir etwas nicht stimmt. Ich roch förmlich den anderen Hauch, der durch den Spalt einer sich öffnenden Türe zu mir herüber weht. Den Rest kennst du!

Bring mich hinüber, ich werde es Dir danken."

„Mädchen, wir müssen gemeinsam rüberkommen und das braucht noch einen kurzen, aber steinigen Weg, dessen Ende für mich noch im Dunkeln liegt."

„Ach was" und sie strahlt ihn mit ihrem unwiderstehlichem Optimismus an, „wir werden das Kind schon rüberschaukeln!"

Inzwischen steht die Uhr auf Drei. Die Ober stellen die leer gewordenen Stühle mit Lärm auf die Tische, um das ein wenig selbstvergessene Pärchen schnellstmöglich zu vertreiben.

Jan legte einen DM-Schein, der nach seiner Schätzung deutlich über dem Wert des Essens und Trinkens liegt, auf den Tisch und sie werden, von den Obern mit leicht gebeugten Rücken, jedoch ohne erkennbare Freundlichkeit, hinauskomplimentiert.

„Wichte!" zischt Marie und blickt die Bedienungs.-knechte, wie sie die Ober zwischendurch bezeichnet hatte, herablassend von oben nach unten an.

Entlang dem Spreearm gehen sie westlich um die Museumsinsel herum, überqueren dann den Monbijou-Platz, um auf kürzestem Weg in die Sophienstraße zu kommen.

Auf der östlichen Seite an der Gabelung Oranienburger- und Monbijoustraße kommen ihnen Werner Kost und Frau Charlotte Dietz entgegen, und ihre Gesichter lassen erkennen, dass etwas geschehen ist.

Kost trägt seinen Rucksack und ist mit einer groben Arbeitshose und gleichartiger Jacke bekleidet, auf dem Kopf eine dunkelblaue Schildmütze in der Art, wie sie die deutschen Landser in Feldgrau trugen.

Frau Dietz im Wollmantel, der so gar nicht in die Jahreszeit passt, in knöchelhohen Arbeitsschuhen, über denen sich eine Art Trainingshose bauscht. Die Haare unter einem Kopftuch versteckt, in der Hand eine große Häkeltasche und Maries Schultertasche über der Achsel, so stehen sie etwas außer Atem vor dem überraschten Paar.

„Die VOPO's haben mein Auto geortet, aufgebrochen und durchsucht. Gottseidank habe ich es auf Anraten von Frau Segebrecht aus dem Hof weggefahren und leergeräumt. Als ich nochmals zurückwollte, habe ich die Polizisten beobachten können. Es schien, als wüssten sie nicht so recht nach was sie suchten, aber irgendetwas muss durchgesickert sein, entweder hat unser Dorfbüttel wichtigtuerisch gequatscht oder gar der LPG-Bauer Adolf.

Vielleicht haben sie auch Brunos Wagen gefunden und kombinieren sich jetzt alles Mögliche zusammen, was hoffentlich dauert.

Sicher ist, dass wir jetzt ganz vorsichtig und überlegt vorgehen müssen, wobei unser hoffentlich noch immer gegebene kleine Zeitvorsprung hilft.

Ich denke, wenn der SSD einen ungenauen Hinweis bekommen hat und dies am Wochenende, wo die Bonzen normalerweise in ihren Datschen den Wohlstand des Sozialismus mit Westfressalien verbringen, verlangsamen sich eventuell deren Recherchen zu unseren Gunsten, weil man zunächst einmal die ‚zweite Ermittlungsgarde' aktiviert.

Ihr könnt nicht mehr in die Sophienstraße. Wir haben

Eure Sachen, vielmehr die von Marie, mitgebracht, denn Jan bleibt ohnehin nur die Uniform. Brunos Kittel und Mütze wird Frau Segebrecht verbrennen.

Wir sind über die Waschküche im Keller auf den Hof und durch das Hinterhaus rausgeschlichen, damit uns der gierige Drachen nicht sieht.

Frau Segebrecht, die Gute, hat uns die Adresse eines kleinen Hotels gegeben, in dem wir die Zeit bis zum Aufbruch verbringen können, ohne Gefahr zu laufen, denunziert zu werden. Der Eigner, ein verschrobener Kauz, ein Schulfreund von Frau Segebrecht aus grauer Vorzeit interessiert sich nur noch für Alkoholisches und für Geld, vor allem wenn es sich um Westdevisen handelt, mit denen er sich die besseren Tropfen aus dem Intershop besorgen kann.

Jan, Du hast doch noch D-Mark?"

„Ja, 400 Mark in unterschiedlicher Stückelung, davon 200 hier in der Jackentasche."

„Gut, die gibst Du dem Saufkopf für zwei nebeneinander liegende Zimmer, und er wird strahlen, für kurze Zeit Dein Freund sein und die Schnauze halten, solange wir uns dort aufhalten!"

Das Haus liegt mit grau-schwarz verrußter, fast des gesamten Verputzes beraubten Fassade im kleinen Straßenkarree nahe dem Koppenplatz, wo Kost sein Auto abgestellt hatte.

Ein einfaches, unbeleuchtetes Schild signalisiert ‚Hotel', und die Rezeption, die diesen Namen nicht verdient, ist im ehemaligen Verkaufsladen erdgeschossig untergebracht. Das frühere Schaufenster ist durch eine Bretterwand mit eingebauten Teilen eines Hochglasfensters aus einer Gärtnerei geschlossen, und die Glühbirne im verbeulten Blechschirm der Lampe, die über dem improvisierten Tresen baumelt, kommt mühsam auf 25 Watt. Über die rundrandige Nickelbrille blickten zwei wässerige Augen aus einem gekerbten Gesicht mit mehrrandigen, tief geschwungenen Tränensäcken, die das untere Lidrot nicht mehr bedecken, auf das illustre Quartett. Als er die Uniform eines Oberleutnants der Grenztruppen registriert, schüttelte er ein klein wenig sein grau zerzaustes Haupt, das mittels eines dünnen, sehnig hageren Halses nur noch bedingt mit dem Körper verbunden scheint. Sein Hemdkragen ist so weit, dass man links und rechts die heraustretenden, mit gelber Haut überzognen Schlüsselbeinknochen sehen kann.

„Zwei nebeneinander liegende Zimmer für eine Nacht, bitte!"

Jan legt den blauen 100-DM-Schein und zwei braune Fünfziger auf die Theke.

Das Wrack nimmt die drei Scheine mit langsamen Bewegungen seiner knochigen Finger, deren Nägel zu schwarzen Krallen herausgewachsen sind, prüft sie durch Reiben zwischen Daumen und Zeigefinger und lässt sie dann mit leichtcm Verziehen der Mundwinkel, was früher einmal ein Lächeln sein mochte, in der Tischschublade verschwinden.

Dann legt er zwei Schlüssel mit fortlaufenden Nummern an schweren Messinganhängern auf den Tisch und deutet auf die im Halbdunkel des Raumhintergrundes liegende Treppe.

„Dritter Stock."

Die Zimmer entsprechen den Erwartungen. Muffig, alt, heruntergekommen, mit Möbeln, die wahrscheinlich aus halbzerbombten Trümmerhäusern stammten, was jedoch für die Gruppe keinerlei Rolle spielt.

Oh, welche Überraschung, die beiden Zimmer haben sogar eine innere Verbindungstüre, die das Zusammensein der nächsten Stunden erleichterte.

Kost öffnet seinen Rucksack, stellt eine Flasche Selterswasser auf den kleinen Tisch, der verschämt an die Wand des Zimmers gestellt, einen Schreibtisch darstellen soll. Außerdem hat er mehrere Stullen von Frau Segebrecht dabei, sorgfältig in Butterbrotpapier eingeschlagen, mit Margarine bestrichen und darauf eine Art Krakauer Wurst, sowie weitere Brote mit quittengelben Käsescheiben, die eher nach Käseersatz aussehen.

Sie stellen die einzigen zwei Stühle und zwei völlig abgeschabte kleine, früher einmal in längst verblasstem Rot bestoffte Sesselchen um den von der Wand abgerückten Tisch und essen das Mitgebrachte, dazu sprudelndes Selterswasser aus den vorhandenen Zahnputzgläsern.

„Wir sind nah an der Grenze, können also, wenn drüben alles wie geplant gelaufen ist, die Funkverbindung wieder aufnehmen, vielleicht etwas früher als vorgesehen.

Bis zum Nordbahnhof ist es ungefähr ein Kilometer von hier aus, also 15 bis 20 Minuten, und bis wir dort hineingekommen sind, vergehen gemäß der Beschreibung von Bruno möglicherweise nochmals 15 bis 20 Minuten, vorausgesetzt wir werden nicht gestört.

Ich erkläre Euch jetzt nochmals genau wie das Ganze ablaufen soll, so wie von Bruno vorgedacht.

Einstieg in das alte noch erhaltene Empfangsgebäude des Bahnhofs über eine Seitentüre, die vergittert ist, dann

Wegeführung nach der Skizze und dem alten Plan. Zur Vermeidung von Irrwegen haben die Spionageleute den jeweils richtigen Abzweig mit dem bereits angesprochenen kleinen phosphoriszierenden F markiert, das jedoch meistens erst einige Meter tiefer in den betreffenden Schächten oder Tunneln angezeigt wird. Im Taschenlampenlicht leuchtet dieses F, denkt daran, falls wir getrennt werden. Wir müssen höchste Aufmerksamkeit walten lassen, denn der Weg hat mehrere, völlig im Dunkeln liegende Abzweigungen. Am Ausstiegspunkt im Humboldthain sollten uns dann Bruno mit den Westlern erwarten, uns vielleicht sogar entgegenkommen, denn das letzte Stück ist auf Westterritorium.

Aufgrund der veränderten Umstände werde ich schon jetzt versuchen, eine Funkverbindung herzustellen. Es ist fast 19.00 Uhr und es müsste möglich sein, da ich Bruno gebeten habe, das Funkgerät den ganzen Tag auf Empfang stehen zu lassen."

Aus dem Hörteil kommt wieder das Krächzen und Rauschen als Kost auf Senden geht.

„Hier Grün – kommen!"

Dabei benutzt er wieder das Code-Wort des ersten Kontaktes nach Brunos Fluchtbeginn. Krächz, dann die Antwort von drüben

„Grün – Frage plangemäß? – kommen!"

„Ja, noch", und jetzt spricht Kost im Klartext „aber von einem anderem Standort aus – Gefahr, bitte um entsprechende Vorbereitung – kommen?"

„Wir tun unser Möglichstes, Ende!"

„Die haben's begriffen, dass man uns auf den Fersen ist und verkürzen die Kommunikation aufs Notwendigste, falls erhöhte Funküberwachung ausgelöst wurde."

Charlotte Dietz, fast immer schweigsam, bei der die Beteiligten manchmal den Eindruck haben, sie wäre mit ihrem Bewusstsein nicht in der Gegenwart, als würde sie die Dinge, die geschehen, einfach hinnehmen gleich einer unbeteiligten Betrachterin oder einer Träumerin, die sich gegen das Erwachen wehrt, spricht ein zweites Mal nach ihrem Lebensbericht bei Frau Segebrecht, wiederum ganz plötzlich, und es bricht förmlich aus ihr heraus. Es ist ein langer Satz, ohne besondere Betonung, wie zu sich selbst gesprochen:

„Danke, dass Ihr mich mitnehmt, auch wenn ich für Euch ein Hemmschuh bin, schön wäre es, wenn ich in der anderen Welt drüben vielleicht noch einmal eine unbeschwerte Zeit erleben könnte. Danke, Werner für Deine stete Fürsorge, danke, Jan dafür, dass Sie meinen Sohn und mich nicht verdammen, danke Marie für Deine Gegenwart, für Deine wohltuende Zuversicht."

Dann schweigt sie abrupt.

Marie nimmt Frau Dietz in den Arm und geht mit ihr ins andere Zimmer. Dort wird es für eine Stunde ganz ruhig bleiben. Einmal hört man das quietschende Knarren eines Bettes, dessen Federn durchgelegen sind, dann wieder Stille.

Es ist 20.45 Uhr. Kost setzt das Funkgerät nochmals in Gang. Wieder das unerträgliche Geräusch aus dem Äther, dann ein Rauschen, das Kontakt anzeigt.

„Grün – wir starten, können wir auf Euch zählen – kommen."

„Könnt ihr – jedoch Gefahr – Ende!"

„Die haben offensichtlich drüben auch eine Information über die laufenden Aktivitäten der VOPO's!"

Er öffnet jetzt seinen Rucksack und entnimmt ihm eine Pistole im Halfter mit Reservemagazin und legt sie auf den Tisch.

„Eine Makarow Kaliber 9 Millimeter, acht Schuss und ein Reservemagazin, hab ich von einem russischen Offizier bekommen, den ich kurz nach Kriegsende im Prager Krankenhaus betreut habe. War blind geschossen. Eine Kugel quer durch beide Augen mit einer Schussrinne an der Nasenwurzel. Ein wenig tiefer und das Hirn wäre freigelegen. Er hat viel geweint, ohne Tränen.

Für alle Fälle.

Wir lassen uns nicht schnappen, ist das klar Jan! Mich bringen sie nicht nach Bautzen, niemals. Ich sage Dir das, damit Du Bescheid weißt über meinen bedingungslosen Entschluss den Weg in die Freiheit zu gehen. Diejenigen, welche uns dabei im Wege stehen, kennen keine Gnade, sei Dir darüber im Klaren und ziehe daraus Deine eigenen Schlüsse. Du hast jetzt noch ein paar Minuten Zeit, Deine Gedanken darauf auszurichten."

Verborgene Welten

Sie verlassen das Hotel paarweise.

Zuerst Frau Dietz und Werner Kost, dann fünfzehn Minuten später Marie und Jan mit dem Versuch, ein verliebtes Paar darzustellen.

Jan wendet sich beim Verlassen des Hotels an den Alten hinter dem Tresen, vor dem eine Flasche mit klarem Inhalt und ein halb gefülltes Wasserglas stehen, und sagt im Vorbeigehen, sie wären gegen 12 Uhr zurück. Er legt die Schlüssel auf den Tresen. Der Hotelbesitzer dreht sich nicht um als sie das Haus verlassen. Sein Blick ist einem kleinen Fernsehgerät zugewandt, auf dessen Bildschirm sich schwarz-weiße Gestalten hin und her bewegen.

Kost hatte ihnen vorher genau den Weg und die Vorgehensweise bis zum eigentlichen Fluchtpunkt, seitlich der trümmerumgebenden Reste der früheren Eingangshalle des Nordbahnhofes, beschrieben. Bis dahin sollte zuerst das unverdächtige ältere Ehepaar auf dem Nachhauseweg und dann die zwei Jungverliebten den Schatten der zerbrochenen Mauern erreichen.

Für den unterirdischen Fluchtweg hat Kost eine von ihm angeführte bestimmte Personenfolge festgelegt. Nach ihm Charlotte Dietz, dann Marie und am Ende Jan. Sollten sie durch irgendwelche Umstände getrennt werden, würden die Vorderen unter allen Umständen auf die Nachkommenden warten.

Jan zieht die Marschriemen an den zu großen Stiefeln, um ein Loch nach und glaubt, jetzt einen guten Halt zu haben, der ihm auch ein schnelles Laufen ermöglicht. Kost erklärt weiter, sie müssten, wenn sie das S-Bahntunnel erreicht hätten, etwa vierhundert Meter nach Norden gehen, um den ersten Seitenverbindungsgang zu erreichen. Der weitere Weg zum Ziel verlaufe dann in unterschiedlichen Distanzen durch Abwasserkanäle, Arbeitsstollen, unterirdische Verteiler- oder Aggregatsräume, die zum Bau der U- und S-Bahntunnel in diesem ganzen

Stadtbereich angelegt wurden. Es gäbe auch blinde Stollen, die wegen Fehlbohrungen entstanden seien und die im Nichts, an Vermauerungen oder Vergitterungen enden würden, also Vorsicht.

„Ihr müsst hinter mir bleiben! Und denkt an das F, wenn Ihr Euch verirren solltet, geht zurück bis zum letzten F, das Ihr bewusst wahrgenommen habt. Mit der Taschenlampe die Wände und Decken absuchen, bis das F leuchtet, klar?"

Wenn er spricht, alle Eventualitäten vorsorglich vorauszudenken versucht, bekommt er etwas Väterliches, doch man bemerkt, dass er unter höchster Anspannung steht und sehr aufgeregt ist. Jan empfindet mehr und mehr eine große Sympathie für diesen bedachten, lebensgeprüften, lebenserfahrenen, jetzt zu allem entschlossenen Mann. Irgendwie schließt er ihn in sein Herz, auf eine spontane Weise, wie man nur für einen wirklichen Freund empfindet, obwohl er ihm doch erst vor drei Tagen begegnet ist.

Es weht ein leichter frischer Wind um das zerzauste Grün des Koppenplatzes, als sie in die Linienstraße einbiegen und dann gleich rechts die Kleine-Hamburgstraße mit weitgehendst in Trümmern liegenden Häusern hinauf gehen. Kosts Trabbi ist nicht mehr an seinem Platz.

Die Dunkelheit hat nun Raum, und die spärliche Straßenbeleuchtung kommt nicht dagegen an. Kaum ein Mensch begegnet ihnen bis sie, nach Überquerung der etwas belebteren Invalidenstraße, das Trümmerfeld des zerbombten und fast vollständig abgebrochenen Nordbahnhofes vor sich sehen.

Im schwarzschattigen östlichen Restbahnhof erkennt Jan die beiden Vorausgegangenen. Kost winkt herüber, zieht aber den Arm sofort wieder zurück als zwei Polizisten mit lauten Schritten über den Platz kommen und sich den Resten des alten Bahnhofs nähern.

Jan denkt:

„Amann, Dich habe ich fast vergessen, aber gerne würde ich Dir jetzt meinen Part überlassen, von dem Du mir dann, wenn alles vorbei und es gut gelaufen ist, lachend erzählen kannst!"

Aber er hatte Amann verloren, der war ganz weit weg, hatte sich verpisst als es brenzlig wurde und würde nicht mehr aus seiner Deckung kommen bis der Boden wieder sicher ist.

Kost und Frau Dietz stehen seitlich der erhaltenen Reste des Eingangsgebäudes im Schatten der Mauerreste an die Wand gepresst.

Sie hören das Rasseln einer Kette am ehemaligen Haupteingang und sehen, dass die beiden Uniformierten hinter dem Scherengitter, das den sonst ungenutzten Zugang versperrt, verschwinden. Marie meint flüsternd:

„Könnte die Ablösung sein? Die bewachen ja rund um die Uhr die Bahnhöfe, durch welche die S-Bahn von West nach West über den Ostberliner Streckenabschnitt fährt und passen auf, dass niemand aus- oder einsteigt. Ist total schizophren. Die S-Bahn gehört der DDR, aber die Fahrgäste sind ausschließlich Westberliner, die ohne Halt durch die Zone preschen. Früher, vor dem Mauerbau, hielten die Bahnen hier noch an. Es wurde jedoch intensivst kontrolliert. Wenn man Glück hatte, konnte man auf diesem S-Bahn-Weg noch in den Westen kommen, allerdings nur, wenn man alle Habe zurückließ, denn jede größere Tasche oder gar Koffer waren verdächtig und der absolute Anlass für die VOPO's, die Leute willkürlich aus dem Zug zu holen. Jetzt ist tote Hose und die wenigen Westler, welche die S-Bahn benutzen, gaffen nur noch verstohlen aus den Zugfenstern in den halbdunklen DDR-Schummerlichtzoo ehemaliger Prunkbahnhöfe. Beschissen!"

Sie warten.

Nach wenigen Minuten, das Gitter war offen geblieben, kommen die abgelösten VOPO's aus dem Treppendunkel. Einer der beiden zündet sich eine Zigarette an und man sieht ein junges Gesicht, über das ein wenig Freude auf den freien Abend zu huschen scheint.

Der andere Mann, größer, stämmiger, schließt das Gitter, dann zieht er die Abendluft in seine Lunge, dehnt sich und man hört den Beginn eines offensichtlich lebhaften Gespräches über ein Fußballspiel, dessen Ausgang noch nicht bekannt ist.

„Auch Menschen", sagt Kost leise.

Als die Polizisten in die Invalidenstraße eingebogen sind, bleibt der Raum um den zerstörten nur noch in Fragmenten bestehenden Bahnhof völlig menschenleer. Trotzdem geht Jan mit Marie am Arm nur langsamen Schrittes, wie Kost es vorher angeraten hatte, hinüber in den Schattenbereich, in dem sie Kost und Frau Dietz erwarten. Sie hoffen, dass niemand aus dem Dunkel der Umgebung heraus die Annäherung der beiden Paare an die Reste des ehemals so stolzen Bahnhofes beobachtet hat und daraus irgendwelche Schlüsse zieht, mit denen man sich bei der STASI beliebt machen kann.

Kost öffnet seinen Rucksack und verteilt die Taschenlampen mit Reservebatterien, die er mit Klebeband am Lampengehäuse angeheftet hat.

„HO-Qualität, aber sie funktonieren, habe sie getestet."

Dann zieht er einen massiven Bolzenschneider mit kurz abgesägten Scherengriffen heraus, welche er jetzt mit zwei aufgesteckten Rohrstücken wieder auf eine wirksame Hebellänge bringt.

Er deutet hinter sich auf eine schmale ehemalige Seitenzugangstüre, auch mit einem Scherengitter verschlossen, und zieht vorsichtig, um wenig Geräusche zu verursachen, die doppelumschlungene Kette mit übergroßem Vorhängeschloss verbunden, langsam im Kreis herum bis er den rückwärtigen Kettenbereich vor sich hat. Mit dem Bolzenschneider trennt er ein Kettenglied auseinander, das dann später wieder genau auf der gegenüberliegenden Seite des Vorhängeschlosses zu liegen kommen soll. Er zieht die Kette behutsam heraus, öffnet das Gitter.

„Schnell hinein!"

Von innen wickelt er die Kette wieder im Doppel um die beiden Winkelholme, so dass das Schloss und die darauf zuführenden Kettenteile von außen unversehrt erscheinen. Mit einer Schnur, die er vorbereitet aus seiner Hosentasche zieht, bindet er das durchtrennte Kettenteil an das nächste unbeschädigte Glied, so dass die Schnittstelle bei oberflächlichem Betrachten nicht auffällt.

„Respekt!", sagt Jan.

„Halt den Mund, da unten auf dem Bahnsteig langweilt sich der Feind mit großen Ohren!

Keine Taschenlampen, das Licht durch das Gitter von draußen reicht aus, um eine halbe Etage tiefer zu kommen, und dort wird wahrscheinlich das Funzellicht vom unten liegenden Bahnsteig helfen, die Türe zum Verteilerraum im Zwischengeschoss zu finden, so hoffe ich zumindest."

Dabei bewegt er seine rechte flache Hand mit dem Daumen zur Brust mehrfach auf und ab als würde er etwas hinunterdrücken, was jedoch zweifelsfrei bedeuten sollte, beim Hinuntersteigen möglichst keinen Lärm zu verursachen.

Sie gehen den kleinen Stich von der Seitentüre zur Haupttreppe. Auf den ungereinigten Stufen knirschen die Schritte. Sie sind jetzt auf dem tiefer gelegenen großflächigen Zwischenpodest, von dem rechts und links zwei weitere Treppen zu den beiden gegenläufigen Bahnsteigen hinunterführen. Kost steuert zielsicher auf eine unauffällig in der Ecke angeordnete Türe zu. Es ist eine rostige, überraschenderweise unverschlossene Stahltüre, die in gleichermaßen verrosteten Bändern hängend beim Öffnen hörbar quietscht.

Sie haben Glück, gerade rumpelt unten eine S-Bahn durch den Geisterbahnhof und überdeckt dieses hässliche Geräusch. An den Wänden des Raumes, den sie nun betreten, stehen große graue Stahlschränke, in die viele Kabel hinein- und herausführen. Nur Kost benutzt seine Taschenlampe und deutet damit auf eine weitere Türe in der gegenüberliegenden Wand, die in einen zweiten Technikraum des Verteilergeschosses führt. Dort sind mehrere große, rechteckige, kesselartige Aggregate aufgereiht, von denen Blechkanäle nach verschiedenen Richtungen in den Wänden verschwinden. Es riecht nach feuchtem Beton und altem Öl.

„Hier das erste F."

Kost beleuchtet einen Stahldeckel am Boden, auf dessen gewölbtem Rücken ein Drehrad sitzt, ähnlich einer Ausstiegsluke bei Unterseebooten.

„Jan dreh!"

„Es geht leicht, ich bin schon am Anschlag!"

Ein senkrecht runder Schacht mit einem Durchmesser, der für Menschen ausreichend groß ist führt über eingelassene Steigeisen nach unten. Kosts Kopf verschwindet, nur seine nach oben gestreckte Hand verharrt einige Sekunden, bis Frau Dietz den Fuß auf die erste Sprosse gesetzt hat. Ein dumpfer Geruch aus verbrauchter Luft und Dieselabgasen strömt ihnen entgegen und die ungewohnte Enge löst eine drückende Beklemmung aus.

„Jan schließ den Deckel, aber leise", kommt es von unten.

Innen befindet sich ein Griff, den Jan nun umfaßt und mit der Schulter das Herabfallen des schweren Teiles verhindert. Seine Füße suchen an der Wand scharrend den nächsten Tritt, es scheint kein Ende zu nehmen.

Dann sieht er unter sich einen kleinen Lichtfleck im Rund, der sich schnell vergrößert, und in wenigen Minuten stehen sie aneinandergepresst in einer Mauernische, von der aus sie die Gleise einer Bahnstrecke vor sich sehen. Beim Vortreten blickt man rechts auf den schwach beleuchteten Bahnsteig, auf dem zwei Posten mit geschulterter Maschinenpistole auf und ab gehen.

„Wir sind jetzt neben dem Westgleis der Bahn, das Gesundbrunnen mit dem Hallschen Tor verbindet, etwa fünfundvierzig Meter nördlich des Bahnsteigs, wo die VOPO's stehen und uns nicht mehr sehen können." Leise flüsternd erklärt er weiter, dass durch den unterirdischen Nordbahnhof vier Geleise führten, je eines westlich wo sie stehen, und eines östlich als Gegenfahrbahn und in der Mitte seien zwei weitere Schienenstränge, die zu der Kehrung gingen, hinter der sie zur Ostschiene wechseln müssten.

„Seht Ihr das Stellwerkhäuschen zwischen den Mittelschienen? Das gibt uns weiteren Sichtschutz, wobei die armseligen Würstchen alleine durch die stromsparende

Schummerbeleuchtung kaum weiter als ein paar Meter in den Tunnel hineinsehen können."

Jan denkt, das hätte uns Kost auch früher erklären können, nicht erst hier unten im Flüsterton.

„Was bedeutet Kehrung", frägt Jan leise.

„Ich mache hier keine Führung, aber weil Du es bist erkläre ich Dir, dass Kehrung eine Bezeichnung der Bähnler ist und es sich um eine kleine Rangierzone handelt, wo Wagen über Weichenstellungen auf andere Gleise geleitet werden können. Am Ende stehen Prellböcke und dahinter laufen die beiden äußeren Ost- und Westgleise parallel zusammen, dort müssen wir auf das Ostgleis wechseln. Jetzt absolute Ruhe! Wir gehen zwischen den Schienen auf den stählernen Schwellen bis man uns weder sehen noch hören kann und nicht auf den Schotter treten. Nach der Querung suchen wir das F an der gegenüberliegenden östlichen Tunnelwand."

Noch immer benötigen sie keine Taschenlampe, da sich ihre Augen an die Dunkelheit gewöhnt haben, die nur durch das abnehmende Licht der hinter ihnen zurückbleibenden Bahnsteige ein wenig aufgehellt wird. Jetzt sehen sie das Ende der Mittelschienen und die darauf zulaufenden Weichen, die mit den westlichen und östlichen Hauptschienensträngen verbunden werden können .

Dahinter wechseln sie die Seite. Kost hat kurz die Taschenlampe benutzt, um die Tunnelwand abzuleuchten. Er sucht das F.

Sie gehen schnell, denn sie sind jetzt so weit in den Tunnel eingedrungen, dass man sie von den Bahnsteigen aus sicher nicht mehr sehen und auch ihre Schritte nicht hören kann.

„Wenn Ihr die Taschenlampen benutzt, haltet sie so, dass sie mit Eurem Körper abgedeckt sind und legt eine Hand über das Glas, damit nur ganz wenig Licht zwischen euren Fingern hindurchdringt, das reicht allemal."

Jetzt kommen zwei Wandnischen, über die dicke Kabelbündel laufen, aber nirgends leuchtet das Zeichen und sie gehen auf dem festgetretenen jedoch unebenen Gesteinsschotter neben den Gleisen weiter.

Frau Dietz fällt mit einem kleinen Schrei vornüber.

„Verletzt?"

„Nein, alles ist gut, weiter."

Die blanken Oberseiten der Gleise schimmern im Restlicht, das, wo immer es herkommt, eine kleine Orientierungshilfe gibt.

„Wir sind jetzt etwa zweihundert Meter nördlich des Bahnhofes und haben noch zirka zweihundert Meter bis zum Abzweig unter das Westberliner Gelände"

Plötzlich vernehmen sie undefinierbare Geräusche hinter sich, dann ein lauter werdendes Stimmengewirr, Rufe, die sie nicht verstehen, die jedoch schnell in eine einzige schrille Kommandostimme übergehen, welche in Überlautstärke aus einem Megaphon zu kommen scheint.

Ein eisiges Erschrecken löst bei den Flüchtenden für einen Moment eine lähmende Panik aus. Man hat sie aufgespürt. Wie konnte das geschehen, eben noch hatten sie sich sicher gefühlt. Kost bekommt die neue Situation am schnellsten in den Griff.

„Ruhe bewahren und weitergehen, die sind weit hinter uns und kennen mit ziemlicher Sicherheit unseren Weg nicht – Beeilung!"

Die Megaphonstimme schallt erneut mit schrecklichem Widerhall aus der Tiefe des Tunnels.

„Stehenbleiben, wir wissen, dass Sie da drin sind, kommen Sie zurück oder wir machen von der Schusswaffe Gebrauch!"

Sie hatten jetzt über dreihundert Meter vom Tunneleingang aus zurückgelegt, also einen gewissen Vorsprung.

Kost ruft:

„Weiter schnell, es ist nicht mehr weit, dann rechts unter das Westgelände."

Seine Taschenlampe sucht an der Wand fieberhaft das rettende Zeichen. In der linken Hand hält er jetzt seine Makarow schussbereit, denn das Klicken beim Durchladen hatte jeder der Flüchtigen vernommen und wusste, dass Kost sein Versprechen wahr machen würde, mit allen Mitteln und gegen alle Widerstände das Unternehmen zum Erfolg zu führen.

Sie hören knirschende Laufschritte hinter sich. Die VOPO's bewegen sich auf dem Schotter zwischen den Gleisen.

„Letzte Warnung, bleiben Sie stehen oder wir schießen!"

Dann dröhnt der Feuerstoß einer Maschinenpistole den Tunnel entlang und Querschläger prallen, sich in der Luft surrend, um die eigene Achse drehend, von den harten Wänden ab.

Ein zweiter, dritter Feuerstoß öffnet ein Tor zur Hölle, der zu entrinnen schwer sein würde.

Auch Jan hat seine Tokarev gezogen als Marie mit einem kleinen gurgelnden Schrei fällt. Kost steht mit nach hinten gerichteter Pistole in der Gleismitte und feuert sein ganzes Magazin zurück in den Tunnel, aus dem man jetzt sich nähernde Lichtpunkte erkennt.

Jan beugt sich zu Marie, will ihr auf die Füße helfen. Er tastet nach ihr, dann knipst er die Taschenlampe an und erstarrt im Entsetzen dessen, was er sieht.

Sie liegt leicht schräg auf dem Rücken, beide Hände über dem Bauch in ihr Kleid gekrallt. Zwischen ihren Fingern quillt Blut und heller Darm heraus. Die Finger bewegen sich krampfartig, als wollten sie etwas zusammenraffen. Dann trifft die Lampe ihren Kopf und Jan erstarrt. Die eine Gesichtshälfte ist nur noch ein blutiger Brei, aus der anderen blickt ein weitaufgrissenes Auge in den Lichtstrahl. Jan taumelt rückwärts gegen die Wand, in der einen Hand die Pistole, die andere gegen die kalte Feuchte des Betons gepresst.

Marie löst die rechte Hand vom Griff zum Bauch, führt sie ganz langsam tastend zu der von einem Querschläger zerfetzten Gesichthälfte, dann hebt sie den Arm und deutet mit einem unsäglichen Röcheln auf Jan und und dann zurück auf ihre Brust.

Jan denkt in Bruchteilen von Sekunden, sie wolle ihm sagen, dass sie ihn liebe und er in ihrem Herzen sei, verwirft diesen völlig abstrusen Gedanken jedoch in Anbetracht dieser Situation sofort, zumal ihre kurze Begegnung zu einer Liebe nicht ausgereicht hat.

Marie wiederholt die gleiche Geste von ihm auf ihre Brust, langsamer werdend, und nun begreift er was sie ihm sagen will:

„Erlöse mich, töte mich, gib mir Frieden, schieß mir ins Herz!" Sie hatte nicht auf ihn gezeigt, sondern auf seine Pistole und den Weg zu ihrem noch schlagenden Herzen beschrieben.

Er erkennt in Sekundenbruchteilen, dass Marie mit diesen Verletzungen keine reale Überlebenschance mehr hat, was auch sie mit noch klarem Verstand zu erkennen scheint.

Jan bäumt sich auf, drückt sich von der Wand weg auf Marie zu, noch immer die Taschenlampe auf dieses zuckend grausame Bild gerichtet, dann hebt er die Pistole und schießt Marie in die Brust, dort wo jetzt ihr Herz zum Stillstand kommt.

Tief aus seinem Inneren löst sich dabei aus seiner Kehle ein furchtbarer Schrei, erfüllt von unbeschreiblichem Entsetzen und unerträglicher Qual. Das Schreckliche in seinem Innern verlässt seinen Mund in einem auf- und abschwellenden Ton gleich einem weidwund geschossenen Tier und Tränen laufen ihm aus den Augen. Kost packt ihn am Arm und zieht ihn weg, lässt ihn im Laufen nicht mehr los.

Der unwirkliche, schreckliche Schrei eines an seinem Handeln verzweifelten Menschen erfüllt das tödliche Rund über den Gleisen für kurze Zeit und scheint auch die Verfolger kurzzeitig zum Halten gebracht zu haben, denn einen Moment nach dem Grauen der unausweichlichen Tat herrschte für kurze Zeit Stille.

„Ein Zug von Süden! Legt Euch zwischen die Schienen des nichtbefahrenen Westgleises. Nicht hochschauen, vielleicht sind VOPO's im Zug und sehen Eure hellen Gesichter. Achtung, der Zug schiebt ein dickes Luftpolster vor sich her, wenn er auch nur durch den Bahnhof schleicht und erst dann beschleunigt."

Kost zieht Jan auf den Gleiskörper. Die Eisenschwellen sind kalt. Vorbeihuschendes Licht aus dem erleuchteten Inneren der Waggons. Gesichter, die sich an die Scheiben drücken, vorbei. Das rumpelnde Rauschen der Räder auf Gleisen verklingt hinter der Biegung.

Jetzt wieder die Laufschritte auf dem Schotter und ein neuerlicher Feuerstoß aus einer Maschinenpistole. Kost strauchelt und fällt, ist aber gleich wieder auf den Beinen. Jan, mit unsäglichem Schmerz und gleichzeitig von einer unbändigen Wut erfüllt, dessen Bewusstsein nach seiner Tat instinktiv nur noch auf das direkte Geschehen ausgerichtet ist, schießt auf die fackelnden Lichter, die hinter der kleinen flachen Tunnelkurve auftauchen. Dumpfe Schmerzenslaute kommen aus der Kehle von Getroffenen. Hinter ihnen entsteht ein Wirrwar von Geräuschen, aber die Lampen kommen nicht näher.

Frau Dietz steht mit aufgerissenen Augen, die Lippen zu einem Strich zusammengepresst, mit dem Rücken an der Wand. Sie hat auf die Männer gewartet und erkennt in den Gesichtern, dass etwas Furchtbares geschehen ist.

„Wo ist Marie?"

Es gibt keine Erklärung.

„Laufen, laufen!"

Kost's Lampe zittert suchend über die Wand, die immer wieder von kleinen Montagebuchten und Zugängen für Seitenräume unterbrochen ist, welche jedoch nicht das ersehnte F tragen.

„Es muss jetzt kommen."

Sie haben die Strecke, die im Plan eingezeichnet ist, fast überwunden, da blitzen plötzlich Lichtpunkte von vorne auf und eine andere Megaphonstimme befiehlt ihnen, die Waffen niederzulegen und mit erhobenen Händen langsam weiterzugehen.

„Verflucht, das sind die Grenzer vom Übergang Müller-Chaussee, die sind ja verdammt nah an der Nordmündung."

„Hier rechts schnell!"

Das F an der Gewölbedecke eines kleinen Seitenganges hatte kurz das Licht der Taschenlampe reflektiert. Kost nimmt Frau Dietz an die Hand. Jan läuft ihnen hinterher. Sein Denken ist komplett ausgeschaltet, nur der jetzt unabdinglich eingebrannte Fluchtwille treibt ihn voran. Der schmale Gang führt zunächst leicht abwärts, dann kommen Stufen, die nach oben führen. Vom Tunnel hinter ihnen flackern Lichtpunkte. Es kann nur Sekunden dauern bis die VOPO's den richtigen Fluchtzugang gefunden haben. Stimmen, brüllende Kommandos, dann sieht Jan, als er sich umblickt, das matte Schimmern der flachen NVA-Helme, die er heute mittag so martial bei der Wachablösung vor der alten Wache beobachten konnte. Die Lethargie seines Fühlens verschwindet mit diesem Bild und er ruft Kost hinterher:

„Lauft, ich halte sie auf!"

Dann legt er sich am oberen Ende der schmalen Stufen auf den schmierigen Boden. Wasser tropft aus den Fugen der umgebenden Ziegelsteinmauern. Durch den abfallenden Treppenlauf erfährt er liegend Deckung, denn die Verfolger laufen noch im tieferen Teil auf ihn zu. Es sind drei oder vier Grenzer.

Ohne zu zielen, da es nur den schmalen Treppengang hinunter gibt, schießt er sein Magazin leer und hört zwischen den bellenden Abschüssen das helle Aufschlagen an den Helmen.

Dann Schreie und das Fallen von Körpern. Er lässt das Magazin herausfallen und lädt das Reservemagazin, das in der Außentasche des Halfters steckt. Nichts ist überlegt, nichts mehr gesteuert. Er empfindet keine Genugtuung, keine Angst, kein Nachher, nur noch das Jetzt. Wie oft hatte er sich in der Nachbereitung des Kriegsgeschehens, das er als Kind erlebte, vorgestellt, wie er sich in einer todbringenden Situation verhalten würde. Wäre er bewaffnet, würde er schießen, im Selbstverteidigungsfalle Menschenleben auslöschen oder würde er sich verkriechen? Es war unmöglich in der Theorie zu ergründen wie sein Inneres auf eine solche Situation reagieren würde. Jetzt konnte er es erfahren, aber er hatte nicht den Bruchteil einer Sekunde Zeit, seine Gedanken zu ordnen, geschweige denn sein Tun zu werten. Alles was er tat entstand aus der Notwendigkeit der sich überschlagenden Ereignisse und er registriert, dass die instinktive Reaktion der letzten Minuten offensichtlich aus der Tiefe seines wahren Wesens entsprang. Er richtet sich auf und rennt den Gang entlang. Dieser öffnet sich zu einem Raum, in dem altes Baumaterial gelagert ist. Kanthölzer, Dielen, Pickeln und Schaufeln, rostige Ölfässer und Mörtelwannen tauchen im Licht der Taschenlampe auf.

Kost sitzt am Boden gegen eine Tonne gelehnt, Frau Dietz auf den Knien neben ihm. Ein kleiner Blutfaden läuft aus seinem Mundwinkel.

Frau Dietz, zum ersten Mal seit Fluchtbeginn zu hören, sagt:

„Sie haben ihn irgendwo im Rücken getroffen!"

Kost richtet sich mühsam auf:

„Es geht – nur ein bisschen verschnaufen!"

Er steht und bewegt sich mit vorsichtigen Schritten entlang der Wand.

„Hier ist das F, schnell weiter, wir haben es gleich geschafft – sind jetzt längst unter Westgebiet, aber die Schweine hinter uns wird das nicht interessieren!"

Die Kommandos kommen erneut näher.

Die Flüchtigen laufen und treffen auf einen flachgewölbten Abwasserkanal mit eingedicktem knöcheltiefem Schlamm aus halbtrockenen Fäkalien, seitlich links und rechts zwei höher gelegte Gehspuren. Das Gas, das sich in der Verwesung über eingedicktem Abwasser gebildet hat, erzeugt im Licht der Taschenlampen einen phosphoreszierend bläulichen Schein, gleich den Irrlichtern über einem Moor. Ein unwirkliches, gespenstisches Szenarium und ein Gestank, der das Atmen kaum noch zulässt.

Jan bleibt stehen, schaut zurück, sind sie schon hinter ihnen. Er hört ihre Stimmen, also haben sie ebenfalls den richtigen Abgang gefunden.

Er wartet bis er die Lichter der Lampen sieht, duckt sich genau in der Mitte des Kanals, wo er jetzt im knöcheltiefen Abwasserschlamm steht und gibt mehrere Schüsse ab. Sie werden auf die Stelle schießen, wo sie sein Mündungsfeuer gesehen haben, er aber schleicht sich schnell von der Mitte des niederen, jedoch breiten Kanals zur rechten Wandseite.

Kost und Frau Dietz sind weg.

„Verdammt, ich muss das F finden."

Schüsse hinter ihm, die zirpend von den Wänden abprallen oder mit dumpfem Blob darin eindringen. Er stolpert über einen Gegenstand. Es ist die Tasche von Frau Dietz, die Kost sicherlich als Markierungspunkt hinterlassen hat, denn genau hier entdeckt er das F an einem Seitenabgang. Immer rechts halten, hatte Kost vor Fluchtbeginn gesagt, nach Nord-Osten, da kommen wir zum Humboldthain.

Der Gang ist niedrig, höchstens einmetersechzig hoch und hat einen flachgemauerten Deckenbogen. Jan hängt sich die Tasche am langen Riemen über die Schulter und rennt gebückt weiter. Er trifft erneut auf einen Abwasserkanal unter einer Straße, der nach seinem Empfinden von Süden nach Norden verläuft. Instinktiv geht er auf der rechten Seite des Kanals nach links, wo er Norden vermutet. Er entdeckt schlammig nasse Fußspuren, denen er folgt, läuft und läuft, ohne genau zu wissen wohin dieser Weg führt, dann sieht er am Boden Kosts Rucksack. Ein weiteres Zeichen, dem er ohne Überlegung folgt. Den Rucksack kann und will er nicht auch noch tragen, so gibt er ihm einen Tritt, dass er ein Stück weiter in den stinkenden Brei fällt und soweit einsinkt, dass die Nachkommenden ihn nicht mehr als Markierung erkennen können.

Er leuchtet mit der Lampe die Kanalwand ab und sieht das F über einem gemauerten Bogen. Im Strahl seiner Lampe erkennt er eine Treppe, die steil nach oben führt, viele Stufen, die kein Ende nehmen wollen, dann kommt ein rechteckiger Raum, auf dessen Boden er sich völlig außer Atem mit dem Rücken zur Wand sinken lässt.

Von den Seiten seiner Augen zucken Blitze der Erschöpfung, und einen Moment glaubt er, ohnmächtig zu werden, dann trifft ein gleißender Lichtstrahl seine Augen und macht ihn blind.

„Werfen Sie Ihre Waffe weg und stehen Sie auf, die Hände über dem Kopf!"

Jan taumelt hoch, haben sie ihn doch noch erwischt?

Im Licht einer zweiten Taschenlampe erkennt er zwei Soldaten mit randlosen Helmen, gleich denen der Fallschirmjäger im Zweiten Weltkrieg, die ihre Maschinenpistolen auf ihn richten. Es sind westdeutsche Grenzer.

„Ich bin Bundesbürger, nur die Uniform . . ., mein Name ist Jan van Boese, die Kopien meiner Papiere befinden sich in meiner rechten oberen Jackentasche."

Er hält noch immer krampfhaft die Hände über dem Kopf.

„Sie sind van Boese, o.k., treten Sie zur Seite", und der Grenzsoldat schiebt ihn hinter sich.

„Verscheuche die Jungs", sagt er zum anderen, der sich jetzt neben dem Treppenabgang aufstellt und wartet.

Stimmen von unten.

Der Grenzer ruft in die Tiefe:

„Hier spricht der Grenzschutz der Bundesrepublik Deutschland. Sie befinden sich auf Westberliner Territorium. Ich fordere Sie auf, dieses sofort zu verlassen, andernfalls wir von der Schusswaffe Gebrauch machen."

Unten Stimmengewirr.

Der BGS-Mann ruft erneut:

„Ziehen Sie sich zurück, in zwei Minuten sprengen wir den Gang!"

Er hat jetzt eine Eierhandgranate in der Hand und Jan sieht im Licht einer Taschenlampe, dass der Mann auf die Uhr schaut, es also keine leere Drohung ist.

Minuten vergehen. Noch einmal einen Blick auf die Uhr. Im Treppenabgang ist es ruhig geworden. Der Grenzer zieht den Sicherungsstift, dann den Ring aus der Handgranate und wirft sie die Treppe hinunter.

„Deckung!"

Ein unerträglich laut dröhnender Knall macht die Ohren taub, und eine Staub- und Gesteinsplitterwolke schießt aus dem Treppenloch an die Decke des kleinen Raumes.

„Jetzt raus aus diesem Rattenloch!"

Der Soldat, der sich schützend vor Jan gestellt hatte, schiebt ihn in eine kleine, runde Nische und leuchtet mit der Lampe auf die im Explosionsstaub kaum wahrnehmbaren Steigeisen, die nach oben führen. Hände greifen nach ihm, ziehen ihn aus dem Schacht. Er knickt ein, verharrt auf den Knien, schwer atmend, mit staubgefüllter Lunge und san-digem Knirschen auf den Zähnen. Dann blickt er auf und sieht Dieter, dem die Tränen über die Wangen laufen und mehrere Uniformierte, die sich um Kost und Frau Dietz kümmern, die beide an die Wand gelehnt auf dem Boden sitzen. Sein Blick wandert über die geborstenen Wände des kleinen Raumes, der sich über einen Spalt nach oben öffnet und das sanfte Licht einer hellen Nacht hereinlässt. Dann trifft sein Blick die Augen von Bruno, die ihn wie erstarrt anblicken. Er kommt auf ihn zu, im blasstürkisen Pierre-Cardin-Jackett, in den Lloydschuhen mit den silberfarbenen Schnallen, die Zehen sicher nach hinten gekrümmt, mit ausgestreckten Händen und sagt, immer wiederholend:

„Verzeihung, Verzeihung, ich sah keinen anderen Weg!"

Jan hat keine Worte. Dieter nimmt Jans Arm, legt ihn sich über die Schulter, umfasst seine Taille und zieht ihn über Trümmerschutt zu jenem Spalt, der endgültig in die Freiheit führt.

Es ist eine milde Frühsommernacht. Jan macht sich los und legt sich mit dem Rücken in das duftende Gras. Er blickt in den Himmel, der sich mit unzähligen Sternen über ihm wölbt. Dann huscht für wenige Sekunden eine kleine Sternschnuppe mit verglühendem Schweif über das Firma-ment.

„Marie"

—.—

Epilog

Ein kurzer Bericht auf der zweiten Seite der Abendzeitung des gleichen Tages und in der Tageszeitung des folgenden Tages vermerkt eine von Fahrgästen beobachtete Aktion der DDR-Grenztruppen im S-Bahntunnel auf der Strecke zwischen Groß Görschen und Humboldthain im Abschnitt des stillgelegten Nord-Bahnhofs. Es sei von Schüssen gesprochen worden, die wohl Flüchtlingen galten, welche sich über den Tunnel in den Westen absetzen wollten. Die Westberliner Passagiere hätten sich bedroht gefühlt, da der Zug nur im Schrittempo den Bahnhof passieren durfte. Mehrere Personen sollen sich auf den Waggonboden gelegt haben. Näheres sei jedoch von den westdeutschen Behörden nicht zu erfahren.

Über die tatsächlichen Ereignisse jener dramatischen Flucht von Deutschland nach Deutschland durch einen Tunnel der Agenten wurde später zu keinem Zeitpunkt mehr berichtet. Es gibt aus Gründen, die nie geklärt wurden, keinerlei aktenkundige Aufzeichnungen dieses Ereignisses.

Nur durch den Jahre später erfolgten mündlichen Bericht eines Beteiligten erfuhr ein kleiner Kreis von Menschen von den dramatischen und tragischen Ereignissen jener drei Tage im Juli 1968.

Jan van Boese fliegt nach einigen Tagen und ausführlichen Protokollierungen bei der Westberliner Polizei, hoch über Mauer und Stacheldraht, in Richtung Heimat. Den Wagen lässt er bei Dieter. Sehr viel später bringt ihn ein guter

Bekannter zurück nach Freiburg. Jan braucht Jahre, um das Erlebte in seinem Innern auf einem erträglichen Platz abzulegen, aber im Schlaf verlässt ihn das dunkle Geschehen nie. Es kehrt immer wieder in Albträumen zurück.

Bruno wird über München nach Pulach in die BND-Zentrale ausgeflogen und verbringt dort Wochen in einem sogenannten Gästezimmer, solange die Verhöre stattfinden. Dann begleitet man ihn auf seinen Wunsch nach Frankfurt und besorgt ihm bei einer namhaften Zeitungsredaktion eine Anlernstelle als Journalist. Er hat Berlin nie mehr betreten.
 Sein Name erscheint Anfang der siebziger Jahre häufig in den Medien mit Berichten von den unterschiedlichsten Brennpunkten dieser Welt. 1979 tötet ihn eine verirrte Kugel der prokomunistischen Sandinista oder der Gardista des fliehenden Diktators Somoza in Nicaragua, in den Vorstädten von Mangua. Vielleicht war es auch keine verirrte Kugel?

Dieter erkrankte an Leukämie und erliegt dieser Krankheit am 13. August 1980. Jan und seine lebenslange Liebe Clara, die er 1975 kennenlernte und 1978 heiratete, fliegen in jenen Abschiedstagen an allen Wochenenden zu dem sterbenden Freund, der so lange und so tapfer gegen sein unausweichliches Schicksal gekämpft hatte.

Werner Kost musste im Klinikum Berlin einen peripheren Lungendurchschuss ausheilen. Mit Frau Dietz übernimmt er einen kleinen Verkaufsladen in der Fasanenstraße nahe dem Kurfürstendamm. Sie heirateten 1970. Frau Dietz fliegt manchmal nach Frankfurt, um ihren Sohn zu treffen.

Der ‚Dorfbüttel' von Golzow, Grünbaum, der bei den Recherchen des SSD nach dem Verschwinden des Oberleutnants Bruno Alexander Dietz tüchtig mitgeholfen hatte, verbringt nach der Wende im Oktober 1989 noch zwei Jahre bis zur Pensionierung auf dem Bürostuhl des Raub- und Diebstahl-Dezernates der BRD-Polizei in Potsdam und genießt in Folge die unverdiente, jedoch sehr auskömmliche Rente des früheren ‚Klassenfeindes' an den Stränden von Palma di Mallorca, oder tummelt sich, mit ischialgischem Rücken am FKK-Strand der Dünen von Las Palomas auf Cran Canaria. Er ist mit sich zufrieden.

Albert, der Traktorbauer, stirbt 1972 nach einem Unfall an der Häckselmaschine. Er liegt noch einige Zeit im Krankenhaus, aber sein Lebenswille ist erloschen. Die Gedanken an den kleinen Bauernhof, der ihm einst gehörte, den man ihm nahm, um ihn in das neue Kollektiv zu integrieren, an seine Frau, die ihn unter so großem Leiden auf dieser Erde hatte alleine lassen müssen, erfüllen seine letzten Stunden im Guten und im Schweren und tragen ihn in den ewigen Frieden.

Frau Segebrecht wird am Tage der Flucht gegen 18.00 Uhr verhaftet und während der ganzen folgenden Nacht verhört. Sie ist in der Reife ihres Alters und Erfahrung für die jungen Beamten unerreichbar. Sie wisse nichts über irgendwelche Fluchtaktivitäten. Ja, Frau Dietz, deren Sohn mit seiner jungen Ehefrau und ein alter Bekannter der Dietzens hätten sie besucht, wären aber schon am Vormittag zum Besuch des Pergamonmuseums und anderer Sehenswürdigkeiten weggegangen. Dies bestätigte der Hausdrachen, der voll gieriger Freude das Außergewöhnliche genoss. Man entließ sie nach drei Tagen ergebnislos. Mit aufrechtem Gang drehte sie dem grauen Gebäude der ausführenden Gewalt der DDR den Rücken, ohne sich auch nur einmal umzuwenden.

Man hatte, nachdem Brunos aufgebrochener Wagen entdeckt wurde, wegen der Blutspuren zunächst tatsächlich ein Verbrechen vermutet. Zum Glück der Fluchtwilligen hatte Jan die Uniform mitgenommen, so dass bei den Polizisten zunächst kein direkter Verdacht auf Republikflucht entstand. Für das Ergreifen von Bruno wäre es ohnehin zu spät gewesen, weil dessen Weg über den Kontrollpunkt Drewitz längst erfolgt war. Dann aber ergab die routinemäßige Nachfrage bei dem Abschnittsbeauftragten Grünbaum, dass bei Kost in Golzow ein Oberleutnant aufgetreten sei, der sich sehr unmilitärisch verhalten habe. Auf keinen Fall wäre es Dietz gewesen, den er persönlich kenne. Kost wäre nach Aussage seiner Vertreterin, Frau Christine Holzer, mit dem Oberleutnant nach Berlin gefahren. Als man dieser Information nachging, den Grund von Brunos Wochenendurlaub über seine Dienststelle erfuhr und entdeckte, dass Dietzens Mutter überhaupt nicht krank war, reimte man sich den Fluchtplan zusammen und begann noch am Sonntag, fieberhaft das Umfeld von Frau Dietz zu erkunden. Dabei stießen sie auch auf Frau Segebrechts Adresse. In der Nähe ihrer Wohnung fand man dann Kosts Trabbi und glaubte sich auf der richtigen Spur. Man war jedoch einen kleinen Tick zu spät.

Verwirrend für den SSD war allerdings auch eine Meldung, die nach Auslösung der Großfahndung von der Zollstelle Drewitz kam. Ein gewisser Zollinspektor Kruse teilte mit, bei ihm sei am Freitag ein westdeutscher Transit-Reisender mit einem Sportwagen durchgekommen, der dem Oberleutnant Dietz, bei dem er früher einmal eine Schulung hatte, zum Verwechseln ähnlich gesehen habe, dessen Papiere aber in Ordnung gewesen seien. Das konnte jedoch auf keinen Fall Dietz gewesen sein, denn eine Polizeipatrouille meldete, dass an jenem Samstag Oberleutnant Dietz mit Verwandten auf der Landstraße bei Niederlehme, auf der Fahrt nach Berlin, routinemäßig kontrolliert und zweifelsfrei identifiziert worden wäre.

Wie es auf DDR-Seite zur Aufdeckung der Flucht durch die Unterwelt tatsächlich kam, blieb ungeklärt. Vielleicht hatte doch jemand aus dem Dunkel der Umgebung des Nordbahnhofes heraus die beiden Paare beobachtet und Meldung gemacht?

Hannes Kohler und sein Freund Volker Ambros kamen ans Mittelmeer, vierundzwanzig Jahre später, 1992, und diesen Traum, den sie all die Zeit in sich trugen, erfüllten sie sich in ganz besonderer Weise mit ihren Ehefrauen und Kindern.

Unterleutnant Kraske brachte es zum Leutnant, dann wurde er ob seiner brutalen Verhörmethoden, die selbst den hartgesottenen SSD-Leuten unmaßstäblich erschienen, zu einer Baukompanie versetzt und irgendwann nicht mehr gesehen.

Jiri Jendrik blieb auch nach der Wende in Prag bei seinen Büchern. Er selbst schrieb in seinen älteren Tagen, nach dem plötzlichen Tod des Bibliothekars Dr. Jakub Olzek, nachdem er die Leitung der Stadtbibliothek übernommen hatte, ein international bemerkenswertes Buch über jene Freiheit des Geistes, die selbst in der kleinsten Zelle der Unterdrückung niemals verloren geht.

Am Tag der Wende, nach Perestroika und Mauerfall, sagt Jan zu Clara, die zusammen im eigenen Architekturbüro arbeiten:
„Was habe ich dir 1975 gesagt als wir uns kennenlernten und über die Dinge des Lebens sprachen:
Alles was sich gegen die uns von der Schöpfung gegebene Freiheit des Denkens und Handelns stellt, zerstört sich früher oder später von selbst."

Der Autor

Hans Frieder Huber, 1938 in Freiburg im Breisgau geboren, arbeitete vierzig Jahre als freier Architekt in seiner Heimatstadt, davon 37 Jahre im eigenen Büro. Neben der erfolgreichen, mit Preisen bedachten beruflichen Tätigkeit, gilt seine besondere Aufmerksamkeit der Literatur und der Malerei. Daneben nutzt er seine zeitlichen Freiräume gemeinsam mit seiner Frau zu individuell organisierten, weltweiten Reisen. In fremden Kulturen erfährt er einmal mehr das Menschenmögliche, erlernt Toleranz und Verstehen von Anderen und Anderem. Die Natur und die Tiere werden zu Freunden, denen er eine besondere Zuneigung entgegenbringt. Umfängliche Reiseberichte sind bisher unveröffentlicht.

Sein Schicksal durch Kriegserleben und Bombenterror im Kindesalter hat ihn geprägt und in ihm eine besondere Sensibilität ausgelöst. Die drei Bücher, welche er über jene Zeit geschrieben hat, zuletzt 2005 in zweiter Gesamtauflage unter dem Titel ‚MUNGO' im Schillinger Verlag Freiburg erschienen, haben ebenso großes Interesse gefunden wie sein Buch mit anekdotischen Erzählungen aus seinem Berufsleben ‚ARCHITEKT und ...', 2007 im Schillinger Verlag Freiburg, sowie seine 2012 im Karin-Fischer-Verlag neu erschienenen Bücher ‚CLARA – Das zweite Leben' und ‚IRRUNGEN DER LÄMMER'.

Die Ehe mit seiner Frau, in außergewöhnlicher Harmonie, bildet das Fundament seines Schaffens.

BISHER VERÖFFENTLICHE UND IN
VORBEREITUNG BEFINDLICHE BÜCHER
von Hans Frieder Huber

Buch 1   ERINNERUNGEN AN EINE FREIBURGER
         KINDHEIT IM KRIEGE
         „Die erste Zeit 1942 – 1944"
         Kehrer Verlag Freiburg 1984, vergriffen

Buch 2   KINDHEITSERINNERUNGEN –
         KRIEGSENDE UND DIE ZEIT IN
         FREIBURG   „Die zweite Zeit 1944 – 1945"
         Kehrer Verlag Freiburg 1986, vergriffen

Buch 3   JUGENDERINNERUNGEN
         IN EINER GELIEBTEN STADT
         „Die Dritte Zeit 1946 – 1956"
         Kehrer Verlag Freiburg 1992, vergriffen

Buch 4   MUNGO – Der Krieg, das Ende und die Zeit
         danach in Freiburg 1942 – 1956
         Gesamtneuauflage der „Ersten bis Dritten Zeit"
         Schillinger Verlag Freiburg 2005, im Buchhandel

Buch 5   ARCHITEKT und ...
         Anekdoten vor realem Hintergrund
         Schillinger Verlag Freiburg 2007, im Buchhandel

Buch 6   CLARA – Das zweite Leben. Erzählungen
         Karin Fischer-Verlag Aachen, 2012
         im Buchhandel

Buch 7   ANTIPODEN
          oder die Gefolgschaft der Ausgegrenzten
          Romanerzählung mit historisch-authentischem
          Hintergrund. Schillinger Verlag Freiburg 2014,
          im Buchhandel

Buch 8   KRIEG 1 oder die Ignoranz der Macht
          Biographische Erzählung
          Schillinger Verlag Freiburg 2014, im Buchhandel

Buch 9   IRRUNGEN DER LÄMMER
          Roman mit aktuellem Hintergrund
          Karin-Fischer Verlag Aachen 2012,
          im Buchhandel

Buch 10 RUBISCHON´S TAGEBUCH
          Liegt als Manuskript vor –
          noch nicht verlagsgebunden

Buch 11 BRANDGERUCH
          Manuskript in Arbeit
          noch nicht verlagsgebunden

Stand: Frühjahr 2014